Vorwort

Dieses Buch handelt von Langeoog, seinen besonderen Orten und den spannenden Geschichten dazu. Alphabetisch sortiert kann man ihnen hier nachspüren. Doch im Grunde genommen geht es auf den folgenden Seiten gar nicht so sehr um Orte, sondern um Menschen: um die alten Insulaner, deren Familien schon seit Generationen auf dieser ostfriesischen Insel leben; um die hinzugezogenen Langeooger, die eine ganz besonders innige Liebe zu ihrer neuen Heimat entwickelt haben; um die Stammgäste der Insel, die seit Jahrzehnten immer wiederkommen; und schließlich um diejenigen, die Langeoog ganz neu für sich entdecken.

Denn sie erwecken die Orte erst zum Leben, machen aus ihnen das, was sie liebenswert, überraschend, kunterbunt oder schön sein lässt. Was wäre der Wasserturm Langeoogs ohne seinen herzlichen Türmer? Was die Dünen und Salzwiesen des Nationalparks ohne seinen leidenschaftlichen Ranger? Was das »Seemannshus« ohne seinen engagierten Vorsitzenden? Was die »Spöölstuv« ohne ihre Puppenspieler? Was der »Eine-Welt-Laden« ohne seine ehrenamtlichen Damen? Es würde den Orten viel fehlen ohne die Menschen.

Und Langeoog hat schon immer ganz besondere Menschen hervorgebracht. Menschen, die den Naturgewalten schon trotzten, als noch peitschender Sand über die Insel hinwegfegte und Sturmfluten sie auseinanderrissen. Menschen, die bis heute unglaublich viel auf die Beine stellen. 1.800 Einwohner sind es nur, die weit mehr als 200.000 Besucher jedes Jahr willkommen heißen, bewirten und unterhalten.

Denn das gehörte auch schon immer zu Langeoog: dem Gast im Urlaub ein abwechslungsreiches Programm und gute Unterhaltung zu bieten. An vielen Orten trifft man sie, die Langeooger. In immer wieder neuen Rollen: als Vermieterin einer Unterkunft, als Fahrradverleiher, als Golfplatzgärtner, als Kirchenmann und immer wieder als Entertainer und Sänger. Langeoog mag eine »Insel fürs Leben« sein, aber auf jeden Fall ist sie eine mit ganz viel Musik im Blut.

111 Orte

1___ Auf dem Flugplatz
Stets in Kontakt mit den Piloten: die Flugleitung im Tower | 10

2___ Die Aussichtsplattform
Wo Seehunde auf der Sandbank faulenzen | 12

3___ Backsteine der Liebe
Ein Standesamt mit gepflastertem Hochzeitspfad | 14

4___ Der Bernsteinschatz
Ein maritimes Geschenk der besonderen Art | 16

5___ Das Bio-Restaurant
Direkt am Meer: regional kochen, global klagen | 18

6___ Der Buchladen
Noch schnell was zu lesen und ab in den Strandkorb | 20

7___ Die »Bunten Buden«
Vorbild Helgoland: Farbtupfer in den Dünen | 22

8___ Die Dünen vor den Brunnen
Gib der Nordsee Futter! | 24

9___ Der Dünenfriedhof
Ein Manifest gegen den Krieg: Ruhet in Frieden | 26

10___ Die Dünen-Oase
Respekt und gute Laune: der Gastronomie-Außenposten | 28

11___ Das Dünensingen im Tal
Der Mitmach-Chor von Herbert Burmester | 30

12___ Die Eheringschmiede
Sie für ihn und er für sie: Selbst ist das Brautpaar | 32

13___ Der Eine-Welt-Laden
Konkret helfen, die Umwelt schonen, Afrika fördern | 34

14___ Das erste Haus am Platze
Wo das junge Nordseebad Premiere feierte | 36

15___ Der Fahnenmast
An der großen Kreuzung, am Fuße des grünen Hügels | 38

16___ Der Fahrradverleih
»Rad & Roll«: mit bunten Beachcruisern über die Insel | 40

17___ Der Fair-Trade-Treffpunkt
Das große Biobüfett für fairen Handel | 42

18___ Der Falkenweg
Ein Warnschuss: die Havarie der »Glory Amsterdam« | 44

19	Das Fischgeschäft	
	Ab ins Gewerbegebiet: ein Ausflug, der sich lohnt | 46	
20	Das Friesengut Langeoog	
	Stilvolle Architektur und unten drin ein Supermarkt | 48	
21	Die Fußgängerzone	
	Das (fahrrad-)verkehrsberuhigte Dorf | 50	
22	Das Geschenkartikelgeschäft	
	»Fokko Gerdes«: gleicher Name, ansonsten alles anders | 52	
23	Der Granitstein	
	Die Vermessung der Welt oder eine Spitze des Dreiecks | 54	
24	Das große Sandriff	
	Von Baltrum nach Langeoog: die Wanderung der Sandbänke | 56	
25	Der Große Schlopp	
	Geteiltes Eiland: die drei Inseln von Langeoog | 58	
26	Das Haus Bethanien	
	Streng geheim: das Ferienlager der jüdischen Kinder | 60	
27	Das »Haus der Insel«	
	Mittendrin: Zwischen Medizin, Musik und Museum | 62	
28	Das Haus Meedland	
	Vom respektvollen Umgang mit einem schweren Erbe | 64	
29	Der Hochsitz in den Dünen	
	Ganz versteckt: die Schreibklause des Willrath Dreesen | 66	
30	Der höchste Gipfel	
	Ein Rundblick von der Melkhorndüne in der Mitte | 68	
31	Die höchste Steigung	
	Auf geschwungener Holzbrücke über die Bahngleise | 70	
32	Die Holzbank von Jo	
	Ausruhen gilt doch! Die Insel zum Sitzen | 72	
33	Das Hospiz Kloster Loccum	
	Mit der Kirche ging der Tourismus so richtig los | 74	
34	Im Reich der Ranches	
	Der »Takkenknieper« und sein großer Kleingarten | 76	
35	Im Strandkorb	
	Typisch deutsch: eine Liebesgeschichte bis heute | 78	
36	Die Inselbahn	
	Auf schmaler Spur mit großer Vergangenheit | 80	
37	Das Inseltaxi	
	Anruf genügt: einmal schnell übers Wattenmeer | 82	
38	Jonnys Straat	
	Auch Langeoog hat seinen Fritz Walter | 84	

39 — Die Kajüte am Hafen
Prickelnder Wildrosen-Prosecco aus frischer Ernte | 86

40 — Der Kiosk am Bahnhof
Einfach gut: die erste und letzte Anlaufstelle | 88

41 — Die Kirchenskulptur
St. Nikolaus: die expressive Architekturperle | 90

42 — Die Kitesurfschule
Zum Abheben: perfekte Kulisse für einen Trendsport | 92

43 — Die Klinik direkt am Meer
Die große Entspannung: Kuren für Mütter und Väter | 94

44 — Die Königsetappe
Watt'n Schlick oder zu Fuß zur Insel | 96

45 — Der Laden eines Pioniers
Seltene Museumsstücke im »Bernstein Huus« | 98

46 — Das Lale-Andersen-Denkmal
Wie einst Lili Marleen und immer noch sehr präsent | 100

47 — Die Landungsbrücke im Meer
Spannende Ankunft auf einem 300 Meter langen Steg | 102

48 — Die Langeooger Puppenkiste
Kasperletheater nicht nur für die Kleinen | 104

49 — Die Lichtinstallation
Sieben Zeilen oder die leuchtende Leinwand im Sand | 106

50 — Die Meierei am Ostende
Dickmilch mit Sanddorn: von der Geburt eines Klassikers | 108

51 — Die Minigolfanlage
Der große Retro-Spaß: zurück in die 70er | 110

52 — Das Mini-Langeoog
Eine Insel aus Millionen Legosteinen | 112

53 — Die Mole am Hafen
Für stille Genießer: viele Bänke mit Blick aufs Festland | 114

54 — Der »Mount Müll«
Weitblick: die Aussichtsplattform am Schniederdamm | 116

55 — Das Muschelfenster
Seltene Exemplare im »Haus Wilhelmine« | 118

56 — Die Nachrichtenzentrale
»Langeoog News«: immer dicht dran am Geschehen | 120

57 — Der Naturpfad Flinthörn
Wie aus dem Bilderbuch: die Entstehung einer Düne | 122

58 — Das Neubaugebiet »Uns Oog«
Bezahlbarer Wohnraum für Insulaner | 124

59   Die neun Löcher »An't Diek«
Toplage: am Meer, im Weltnaturerbe und beim Flugplatz | 126

60   Der »Nordic-Walking-Park«
Ob Anfänger oder fortgeschritten: jedem seine Route | 128

61   Das Nordsee-Pädagogium
Hier war Gabriele Wohmann Schülerin und Lehrerin | 130

62   Das Notrufschild 32
Damit es ganz schnell geht für die Lebensretter | 132

63   Die Online-Bäckerei
Innovativ: erstes Bestellportal für Urlaubsbrötchen | 134

64   Die Otzumer Balje
Anspruchsvolles Fahrwasser geformt von den Gezeiten | 136

65   Die Partykneipe
Direkt am Meer und viel schöner als der Ballermann | 138

66   Der Ponyhof und Pferdestall
»To'n Peerstall«: Reiten schon für die ganz Kleinen | 140

67   Die Promenade am Meer
Spaziergang mit Ausblick: Höhepunkte von ganz oben | 142

68   Das provokante Altarbild
Kirchenkunst, die zum Nachdenken anregt | 144

69   Das Realschulinternat
»Der Junge muss mal an die frische Luft« | 146

70   Die Reithalle an den Schienen
Das große Glück: auf dem Rücken der Pferde | 148

71   Die Reparatursäule
Praktischer Zweirad-Service an der Meierei | 150

72   Das Rettungsboot »Langeoog«
Leben retten auf See hat hier eine lange Tradition | 152

73   Die Rettungstürme
Die DLRG treibt es bunt: »Baywatch« am Strand | 154

74   Der Ringelpulli-Laden
Kein Nordsee-Urlaub ohne quer Geringeltes | 156

75   Der Rohstoff-Sammelplatz
Anlieferung per pedes und Pedal, entsorgt mit viel PS | 158

76   Die Rooftop-Bar
Auf der »Sandburg« ganz oben: spektakulärer Ausblick | 160

77   Die Rosenhecke am Meer
Die Kartoffelrose, das blühende Insel-Wahrzeichen | 162

78   Die Salzwiesen im Süden
Neues Schwemmland vor dem Sommerdeich | 164

79 **Die Sandfangzäune**
Küstenschutz auf die natürliche Art | 166

80 **Das Seegatt im Westen**
»Accumer Ee«: starke Strömung, gefährliche Sandbänke | 168

81 **Das Seemannshus**
Schmuckstück: lebendige Einblicke ins Gestern | 170

82 **Das Seniorenstift »bliev hier«**
Die maritime Lösung für alle Lebenslagen des Alters | 172

83 **Der Shantykeller**
Puppa Peters und die starken Sänger: »De Flinthörners« | 174

84 **Die Silbermöwen-Kolonie**
Das erste Naturschutzgebiet Deutschlands | 176

85 **Die Sommerweide**
»Rumbi« Arends und die zotteligen Hochlandrinder | 178

86 **Das Sportzentrum**
Hier schlägt das Herz der fitten Nordseeinsel | 180

87 **Die Stegwartbude**
Am Yachthafen steht ein Container mit ganz viel Herz | 182

88 **Die Strandhalle**
Ein Logenplatz auf der Krone der Insel | 184

89 **Die Strandmüll-Box**
Das Plastik der Welt, gestrandet auf Langeoog | 186

90 **Die Süßwasserlinse**
Trinkwasserreservoir mitten im salzigen Meer | 188

91 **Tatort Langeoog**
Eine logistische Herausforderung für Filmproduktionen | 190

92 **Das Teehaus**
Originales und Originelles in der »Teerose« | 192

93 **Das Testfeld im Pirolatal**
Wo die Kartoffelrose nicht willkommen ist | 194

94 **Tjard-sin-Utkiek**
Die Geschichte von Hillie Kuper und der legendären Eisfahrt | 196

95 **Das Tor zum Weltnaturerbe**
Beim Deichschart am Ende des Seedeichs geht es los | 198

96 **Das Traditionscafé**
Eine Langeooger Familie mit großem Namen | 200

97 **Die Uhr vor dem Atelier**
Inselmaler Anselm: Kunst mit Gummistiefeln | 202

98 **Ulli's Kiosk in den Dünen**
Der Außenposten: Es gibt sie noch, die guten Dinge | 204

99	Die Vertrauensbibliothek
	Bücher aus dem »Beiboot«: eine gut sortierte Sammlung	206

100	Das Verzehrkino
	Echt nostalgisch: von der Filmrolle zur Festplatte	208

101	Das Vogelwärterhaus
	Informationszentrum für alle Naturbegeisterten	210

102	Der VW-Bus aus Holz
	Nicht so mobil wie das Original, aber genauso beliebt	212

103	Das Wäldchen und sein Ring
	Im Slalom um das Rund des alten Kriegsflughafens	214

104	Der Wasserturm
	Ein Tank, der auf seinen »Zehenspitzen« steht	216

105	Das Wasserwerk West
	Warum Kanalisation und Kurtaxe eng zusammengehören	218

106	Die Webcam auf dem Dalben
	Technik-Pioniere: das erste Langeooger Bildtelefon	220

107	Der Wellness-Tempel
	Das gibt es nur im KWC: Aquacycling für die Fitness	222

108	Die Wetterstation
	Kachelmanns automatischer Messpunkt am Flugplatz	224

109	Die Weide der Alpakas
	Sieben Hengste grasen am Schniederdamm	226

110	Das Yoga- und Klangzentrum
	Entspannung und Unterhaltung im »Neei Bauhoff«	228

111	Zurück auf der Fähre
	Die weiße Flotte Langeoogs mit festem Fahrplan	230

1 Auf dem Flugplatz
Stets in Kontakt mit den Piloten: die Flugleitung im Tower

In der Hochsaison geht es hier zu wie im Bienenstock. Dann stehen sie in Zweierreihen auf dem kleinen Flugplatz von Langeoog. Eben hebt noch eine Piper ab, schon landet eine Cessna, und dazwischen kommen die Inselflieger von Harlesiel an. Da ist höchste Konzentration gefordert im Tower des Flugplatzes. Insgesamt drei Flugleiter teilen sich hier den Dienst. Einer von ihnen ist immer am Platz vor den Bildschirmen, die Daten über Wetter und die Bewegungen in der Luft fest im Blick, immer empfangs- und kommunikationsbereit am Funkgerät.

Weithin sichtbar erhebt sich der kleine Tower mit seinem markanten eckigen Ausguck aus der flachen Ebene. Die großen Glasfronten erlauben eine exzellente Rundum- und Fernsicht auf den Flugverkehr, der sich zumeist vom Festland aus der Insel nähert. Ab und an ziehen auch »Querflieger« des Wegs, die entlang der Küstenlinie unterwegs sind und kurz Kontakt zum Tower aufnehmen. »EDWL« lautet die Kennung des Langeooger Flughafens, und wer sich hier anmeldet, der muss dem Tower drei Dinge kurz und knapp circa fünf bis zehn Minuten vor der Landung mitteilen: die Kennung des Flugzeugs, den Startflugplatz und die Anzahl der Personen an Bord. Erst dann kann der Anflug auf die 600 Meter lange Landebahn beginnen.

Eine besondere Gefahr auf der Insel stellt der Küstennebel dar. Dieser kann ganz unvermittelt aufkommen und ist ein großes Risiko für die auf Sicht fliegenden Piloten. Die Flugleiter im Tower von Langeoog erkennen solche Wetterfronten rechtzeitig, können entsprechende Hinweise und Warnungen geben. Doch im Gegensatz zu Großflughäfen wie Frankfurt oder Hamburg, wo immer der Tower das letzte Wort hat, trifft bei kleinen Flughäfen wie Langeoog die letzte Entscheidung der Pilot selbst.

Wenn die Wetterlage zu gefährlich ist, dann geht es manchmal mit der Fähre zurück aufs Festland und nicht mit dem geparkten Flugzeug. Sicher ist sicher.

Adresse Flughafenstraße, Tel. 04972/693295 | **Öffnungszeiten** täglich 9–13 und 15–19 Uhr | **Tipp** Man sollte es vielleicht nicht in der Hauptsaison an einem Wochenende probieren: Aber wenn nicht so viel los ist, wenig Flugzeuge zu sehen sind, dann kann man manchmal auch nach oben in den Tower. Einen Versuch ist es wert.

2 Die Aussichtsplattform
Wo Seehunde auf der Sandbank faulenzen

Vermehrt an Land kommen im Sommer auf Langeoog nicht nur die Feriengäste, sondern auch viele Seehunde. Die räkeln sich ganz im Osten der Insel, im »Osterhook«, auf einer Sandbank. Sie ziehen dort gemeinsam ihre Jungen auf, wärmen sich und wechseln ihr Fell.

Dermaßen konzentriert an einer Stelle, lassen sich die Tiere, die den Winter über im tiefen Wasser der weiten Nordsee leben und Einzelgänger sind, auch gut vom Flugzeug aus zählen.

Bei insgesamt 15 Rundflügen wurden von Juni bis August 2019 genau 9.836 Seehunde zwischen Ems und Elbe beobachtet. Damit haben sich die Seehundbestände laut dem für die Zählflüge zuständigen Niedersächsischen Landesamt für Verbraucherschutz und Lebensmittelsicherheit auf sehr hohem Niveau stabilisiert. Bei den Jungtieren gab es mit 2.711 sogar einen neuen Rekord. Vorbei sind die Zeiten, als der Bestand auf 1.250 Exemplare absackte und zwei Staupe-Epidemien die Population massiv bedrohten. Heute sind es wieder so viele wie Anfang des 20. Jahrhunderts. In der gesamten Nordsee inklusive der Niederlande und Dänemark zählt man mittlerweile einen Gesamtbestand von rund 25.000 Tieren.

Auch auf der Sandbank im Wattenmeer vor Langeoog lassen sich wieder viele Seehunde nieder. Nicht selten tummeln sich dort zwischen 120 und 150, in Spitzenzeiten sogar bis zu 250 Tiere. Man kann sie sehr gut mit dem Fernrohr von der Aussichtsplattform an der »Infohütte Osterhook« aus sehen. Ganz nah kommt man ihnen bei einer Tour mit dem Ausflugsschiff.

Seehunde mögen es sonnig und ruhig. Auf Wetteränderungen und auf Störungen durch den Menschen reagieren sie sensibel und ziehen sich ins offene Meer zurück. Daher nähern sich die Boote immer vorsichtig und fahren nie frontal mit dem Bug auf sie zu, dann wären die putzigen Tiere ganz schnell weg. So haben sie sich aber daran gewöhnt, regelmäßig von den weißen Riesen besucht zu werden.

Adresse am äußersten östlichen Ende von Langeoog | **Anfahrt** Mit dem Fahrrad fährt man vom Dorf aus circa 9 Kilometer, an der Melkhorndüne, dem Vogelwärterhaus und der ehemaligen Meierei vorbei. | **Tipp** Am »Osterhook« befindet sich auch ein Naturlehrpfad des Nationalparks Wattenmeer. Die Schiffstouren zu den Seehunden sind abhängig von Ebbe und Flut und daher nicht jeden Tag im Angebot der Schifffahrtslinien. Vorher checken!

3 Backsteine der Liebe
Ein Standesamt mit gepflastertem Hochzeitspfad

2015 hat man sie zum ersten Mal überschritten: die Rekordmarke von 200 Trauungen im Jahr. 1990 verzeichnete die Langeooger Statistik noch 29 Eheschließungen. Wie konnte es zu dieser enormen Steigerung in nur 25 Jahren kommen? Nun, das dürfte in nicht geringem Maße mit einem Vorschlag zu tun haben, der Ende der 90er Jahre vom Heimatverein gemacht wurde: Wäre es nicht eine gute Idee, Trauungen im historischen »Seemannshus« anzubieten? Sie zündete sofort. Das Standesamt im Heimatmuseum verzeichnet seit Beginn im Jahr 1997 beachtliche Wachstumszahlen.

Vor allem mehr und mehr Feriengäste entdeckten die Trauung vor romantischer Inselkulisse für sich. Die historische Friesenstube mit Delfter Fliesen und kostbarem Teegeschirr passt auch perfekt in das idyllische Konzept. Mittlerweile liegt der Anteil an Eheschließungen von Touristen bei 95 Prozent. Wie heißt es so schön: »Langeoog, die Insel fürs Leben«.

In den ersten Jahren gehörte es zum Hochzeitsbrauch, die Unterschriften der frischgebackenen Eheleute kunstvoll auf eine Leinendecke zu sticken. Ende 1999 begann die Backstein-Ära im »Seemannshus«: Seitdem setzt das neuvermählte Brautpaar gemeinsam einen Backstein, der mit beider Initialen und dem Datum der Trauung verziert ist, in den Boden vor dem Heimatmuseum. Das ist fast wie das Anschneiden einer Hochzeitstorte, nur dass hier das Kuchenmesser durch eine Maurerkelle ersetzt wird. Die erste Prüfung, die das Ehepaar zu meistern hat.

In den rund 20 Jahren seit Beginn dieser einmaligen Tradition ist ein ganzer Hochzeitspfad rund um das Gebäude entstanden. Mehr als 2.000 Backsteine wurden dort mittlerweile von frisch beringter Hand verpflastert und geben ein prächtiges Klinkerpanorama der Liebe ab. Der älteste Backstein stammt aus dem Jahr 1959, er wurde aber erst später eingefügt. Viele Paare kommen auch Jahre nach der Trauung wieder, suchen und besuchen »ihren« Stein.

Adresse Standesamt »Seemannshus«, Caspar-Döring-Pad 3, Tel. 04972/693123, standesamt@langeoog.de | **Tipp** Backstein lässt sich auf Langeoog auch ohne Heiraten genießen. Es gibt sehr schöne Klinkerbauten zu sehen, etwa die Inselkirche oder die alten Villen in der Mittelstraße.

4 _ Der Bernsteinschatz
Ein maritimes Geschenk der besonderen Art

Direkt neben dem Lale-Andersen-Denkmal im Herzen Langeoogs befindet sich die alteingesessene »Inselgoldschmiede & Schmuggelkiste«. Sie beherbergt einen kleinen Schatz: die Bernsteinsammlung der Hildegard Wäcken. Die Langeoogerin war mit Leib und Seele Bernsteinsammlerin und eine der erfolgreichsten noch dazu. 2018 ist sie im Alter von 71 Jahren verstorben, doch die Trophäen ihrer Leidenschaft sind hier noch zu bewundern.

An der Wand links sind in gläsernen Schaukästen ihre gewaltigen Funde, die sie allesamt im Laufe der Jahre am Strand von Langeoog gemacht hat, zu bestaunen: faustgroße Brocken aus fossilem Harz in den unterschiedlichsten Gold- und Honigtönen, vor Urzeiten entstanden und vom Meer wieder an die Oberfläche gespült. Im Gegensatz zu dem Sortiment des Ladens, der spezialisiert ist auf nautische Geschenke, Schmuck und Andenken, sind diese einmaligen Schätze der Nordsee jedoch unverkäuflich.

Es gab tatsächlich eine Zeit, da nannte man die Inseln hoch im Norden Europas die »Bernsteininseln«. Auch die Ostfriesischen Inseln gehörten dazu und stellten noch für die römischen Kaiser ein wichtiges Liefergebiet dar. Heute gilt das Baltikum als große Fundgrube, doch an der deutschen Nordseeküste gibt es auch noch genug zu sammeln. Ein bisschen unruhige See ist immer gut, da kommt der Bernstein dann hoch. Eigentlich kann man immer, zu jeder Jahreszeit, die »Tränen der Nordsee« am Strand von Langeoog entdecken. Zwei bis drei Stunden nach ablaufendem Wasser, bei einsetzender Ebbe, sollte man losziehen. Dann haben sich die Bernsteine hinter der Wasserlinie am Strand abgesetzt, und die Chancen stehen gut, einen Fund zu machen. Der kann dann auch mal so groß sein wie eine Faust und liegt dabei erstaunlich leicht in der Hand. Bernstein wiegt nicht viel. Wer damit reich werden will, muss schon viele dicke Brocken finden. Ob er echt ist? Das merkt man, wenn er brennt.

Adresse Am Wasserturm 3, Tel. 04972/895, www.schmuggel-kiste.de | **Tipp** Wer es selbst einmal probieren möchte: Bernsteine finden sich oft zwischen dem kleinen schwarzen Treibholz, das das Wasser zurückgelassen hat. Dort lohnt es sich immer, genauer hinzuschauen.

5 Das Bio-Restaurant
Direkt am Meer: regional kochen, global klagen

Preise hat sie schon viele gewonnen, die Familie Recktenwald vom »Seekrug« an der Höhenpromenade: für ihre Sherrys, ihre Weine, ihr Brot. Groß ist die Galerie der Urkunden, die man passiert auf dem Weg nach oben in das stilvolle Restaurant mit seinem einmaligen Panoramablick auf die Wellen der Nordsee. Sie sind Nationalpark-Partner, gelistet im »Slowfood Genussführer« und das einzige biozertifizierte Restaurant auf den Ostfriesischen Inseln. Doch eine Auszeichnung ragt besonders heraus: der Preis für den »Mut zur Nachhaltigkeit«, der ihnen im März 2019 von »ZEIT Wissen« in der Kategorie »Handeln« verliehen wurde.

Die Recktenwalds wurden zur deutschen Stimme einer internationalen Sammelklage aus Europa, Kenia und von den Fidschi-Inseln gegen die Europäische Union. Sie fühlen sich durch ihre exponierte Lage direkt am Meer besonders vom Klimawandel betroffen und fordern höhere Ziele bei der Kohlendioxidreduzierung zur Sicherung ihrer Lebensgrundlage und auch der ihrer Kinder. Seitdem ist die Langeooger Familie sehr gefragt bei den Medien. Doch wie Michael Recktenwald gleich klarstellt: »Ich bin kein Rechtsanwalt, sondern Koch und Gastronom.«

In diesem Metier zeigt er schon seit vielen Jahren sein Engagement und große Kreativität in Sachen nachhaltige regionale Küche. Es geht ihm dabei um mehr als Bio. Es geht um Qualität. Es geht um gute Produkte, die in Ostfriesland wachsen und reifen. Man kocht im Rhythmus der Jahreszeiten, pflückt und sammelt den Spitzwegerich im Frühjahr, macht weiter mit Sauerampfer, Klee und Holunder, bis man mit Hagebutten und Sanddorn das Jahr ausklingen lässt.

Eine geschmackliche Bandbreite dieser regionalen Köstlichkeiten vermitteln die »Ostfriesischen Tapas«: Wurst und Schinken vom Wild oder Pré-salé-Rind der Insel, Steinbutt- oder Seezungenkaviar, selbst eingelegtes Gemüse, Kleikartoffeln und handgerührter Senf dazu. Köstlich.

Adresse Höhenpromenade 1, Tel. 04972/383, www.seekrug.de | **Öffnungszeiten** Di – So ab 12 Uhr, Mo Ruhetag | **Tipp** Der »Seekrug« betreibt im Ort in der Gartenstraße 14 eine Konditorei. Dort gibt es eine mittlerweile selten gewordene Kuchenspezialität Ostfrieslands: die Rumflockentorte – nur echt mit Brandteig und Rosinen.

6 Der Buchladen
Noch schnell was zu lesen und ab in den Strandkorb

Es gibt wohl kaum eine Buchhandlung in Deutschland, die näher an Meer und Dünen liegen dürfte als dieser kleine Laden direkt neben dem Wasserturm. Gleich hinter dem Gebäude beginnen die Kaapdünen der Insel und der Traumstrand von Langeoog. Eine Traumlage auch für Buchhändler. Denn Scharen von Tagesgästen und Urlaubern ziehen hier jeden Tag vorbei. In gerader Verlängerung vom Inselbahnhof über die Hauptstraße zum Meer liegt sie als wichtige Versorgungsstation für Leseratten auf dem Weg: Was wäre ein Tag im Strandkorb ohne das passende Buch in der Hand?

Die »Buchhandlung Inge Krebs« zeigt auch, wie sich Tradition und Moderne bestens vereinen. Denn es ist keineswegs eine »Inge«, die das Geschäft führt. Suntje Krebs heißt die Inhaberin, eine studierte Bibliothekarin und Enkelin der Gründerin, die vor mehr als 70 Jahren ihre Bücherstube auf Langeoog eröffnete. Anfangs konnte man hier sogar noch Bücher ausleihen. Das ist Geschichte. Lebendige Gegenwart ist aber immer noch ihr Konzept, ein breit gefächertes Sortiment für jeden Lesegeschmack und viele unterschiedliche Menschen bereitzuhalten.

Auf kleinem Raum findet sich hier (fast) alles in den bis zur Decke reichenden Buchregalen. Die aktuellen Bestseller, jede Menge Krimis und Romane und natürlich viel über die Urlaubsregion und ihre sagenhaft schöne Natur. Die Beziehung zu den Stammkunden ist wie eh und je eng, sie kommen seit vielen Jahren, »man sieht sie groß werden«.

Kinder freuen sich hier regelmäßig: über Malbücher, Spiele, Basteleien – aber ganz besonders über den »Pixi«-Mann. Der steht seit Jahrzehnten strahlend mit roter Mütze draußen, den ganzen Plastikbauchladen voll mit Büchlein. Generationen sind mit den quadratischen Bilderbüchern im Miniaturformat groß geworden, selbst zum Thema Buchhandlung gibt es eine Ausgabe. Und zwar nicht über irgendeine – sondern über die »Buchhandlung Krebs«. Da staunen nicht nur Kinder.

Adresse Am Wasserturm 14, Tel. 04972/347, www.buchhandlung-krebs.de | **Tipp** Für alle, die lieber spielen als lesen, ist vielleicht der »Langeooger Würfelmeister« interessant: das Kniffelspiel für Inselfans. Sofort zu erkennen ist das Unikat am Spielblock, den viele bekannte Sehenswürdigkeiten zieren.

7 Die »Bunten Buden«
Vorbild Helgoland: Farbtupfer in den Dünen

Inseltypisch ist die Architektur nicht gerade, und eigentlich ist alles auch nur Fassade. Doch schön anzuschauen sind sie tatsächlich. Die Rede ist von den »Bunten Buden«: eine Reihe über Eck gestellter kleiner Ladengeschäfte mit auffälliger Holzverschalung. In Hell- und Dunkelblau, in Rot, Grün und leuchtendem Gelb sind sie Langeoogs Farbtupfer in den Dünen. Vorbild für das touristische Zentrum war Helgoland mit seinen Hummerbuden. Dort, im ehemaligen Gewerbegebiet der Fischer, ist eine gut besuchte Touristenattraktion entstanden.

Ähnlich verhält es sich auch mit den »Bunten Buden« von Langeoog. Sie sind in der Saison der Anlaufpunkt schlechthin für Feriengäste. Auf dem Weg zum Hauptstrand kommt man automatisch an ihnen vorbei: ein Rummelplatz vor allem für die inzwischen stark gestiegene Zahl der Tagestouristen, die im Sommer pünktlich mit der Fähre hereinfluten. Am Ende der Piste vom Bahnhof über die Hauptstraße entlang des Wasserturms zum Strand gelegen, bieten sie alles, was das Herz und der Magen der Kurzzeitbesucher begehren. Von Pizza über Pommes und vegetarischen Döner bis zu Fischbrötchen und leckerem Eis – die Fressmeile direkt hinter den Dünen bietet wohl für jeden Geschmack etwas. Ob an der »Beach Bar« oder im »Strandcafé«, hier lässt sich ganz trefflich eine Auszeit vom Sonnenbaden nehmen. Die Inselvermietung hat hier ein Domizil wie auch ein Kosmetikanbieter mit Wohlfühlangeboten für die Haut.

Für die Kleinen gibt es mit der Trampolinanlage von Antje Siebert eine ganz besondere Spielwiese. Auf 14 Trampolinen kann sich der Nachwuchs ab 11 Uhr täglich austoben und auch mal einen Salto drehen, während die Eltern eine Auszeit auf einer der vielen Bänke nehmen, die entlang der bunten Häuserzeilen dazu einladen, Platz zu nehmen. Hier lässt sich das muntere Treiben entspannt beobachten, bevor es weiter- oder zurückgeht an den Strand.

Adresse Kavalierpad bei der Strandhalle | **Tipp** Wer im Urlaub kreativ sein will, für den bieten sich die Bernsteinschleifkurse von Susanne Agena in den beiden Buden mit der roten Fassade an (www.bernsteinschleifkurse.de, Mi 15.30 – 17 Uhr, April – Okt. Wo wäre es stilechter als auf Langeoog, seinen eigenen Schmuckstein als Mitbringsel zu schleifen?

8 Die Dünen vor den Brunnen
Gib der Nordsee Futter!

Langeoog ist die einzige der Ostfriesischen Inseln, die zur Nordsee nur durch Dünen vor Sturmfluten geschützt ist. Es gibt keine massiven Küstenschutzbauwerke oder Betonarme, die sich in den sandigen Untergrund krallen, wie etwa auf den Nachbarinseln Baltrum und Norderney. Auf Langeoog regelt das die Natur allein. Fast.

Denn hier und da muss der Mensch dann doch nachhelfen. Dort, wo sich die Insel krümmt, ist sie den meist nordwestlich angreifenden Naturgewalten direkt ausgesetzt. Insbesondere an den Dünen vor dem Pirolatal wird es eng, ist der Strand schmal und gefährdet.

Ausgerechnet vor dem Pirolatal! Hier stehen alle Brunnen, aus denen Langeoog das gesamte Trinkwasser aus einer unterirdischen Süßwasserlinse schöpft. Wenn hier die Schutzdünen einreißen und das Meer die Brunnen versalzt, wäre das eine Katastrophe. Lange hat man das Pirolatal durch Aufschüttung künstlicher Dünen von hinten verstärkt, was aber nichts daran änderte, dass vorne zur See durch Sturmfluten die natürlichen Dünen weiter abgetragen wurden.

Mit Aufspülungen, die das flach ansteigende Profil des Strandes naturnah nachbildeten, wirkte man dem Raubbau entgegen: 2010 waren es 300.000 Kubikmeter Sand, 2013 schon 450.000, 2017 dann 600.000. Den Sand baggerte man tief unten aus dem Seegatt »Accumer Ee« und transportierte ihn mit viel Wasser in 80 Zentimeter dicken Stahlrohren in den Osten. Sechs Wochen dauerte allein die Verlegung der Rohre.

Mit neuen Methoden haben die Küstenschützer der gefräßigen Nordsee nun den Kampf angesagt. Sie geben ihr quasi Extrafutter, dicke Verzehrsandberge. »Building with Nature« heißt das internationale Forschungsprojekt, das auf Langeoog sofort Erfolge zeigte. Eine drei Meter hohe Abbruchkante hatte sich 2019 gebildet, das aufgespülte steile Polster seine Aufgabe erfüllt: Während das Meer den Sand vorne vertilgte, blieb der Dünenfuß dahinter intakt.

Adresse der Strandbereich vor »Gerk-sin-Spoor« und dem Pirolatal | **Tipp** Hier entsteht im Sommer gern einmal spontan eine Open-Air-Galerie, setzen Urlauber wahre Kunstwerke wie etwa das ägyptische Abu Simbel in die Sandsenkrechte, die allein schon einen Strandspaziergang dorthin lohnen.

9 Der Dünenfriedhof
Ein Manifest gegen den Krieg: Ruhet in Frieden

Die meisten, die es statt an den Strand auf den kleinen Friedhof hoch in den Dünen zieht, kommen wegen Lale Andersen. Die berühmteste Frau der Insel hat hier ihre letzte Ruhestätte gefunden. Hinten rechts liegt sie in einer der in runden Bögen verlaufenden Grabreihen. Nur ihr Name steht auf dem Grabstein, viele Steine liegen obendrauf. Daran ist das mit Abstand meistgesuchte und -besuchte Grab auf Langeoog schon von Weitem zu erkennen.

Aber der kleine Dünenfriedhof würde auch ohne den hier begrabenen Weltstar einen Ausflug lohnen. Wer durch das große geschmiedete Eingangstor schreitet, wird angenehm überrascht von der ungewöhnlichen Gestaltung der Grün- und Grabflächen in einem traumhaft schönen Park. Eine lange Kiesgerade führt entlang großer Rhododendren zu einem Dünenrund, in das sich die Gräber in einer Bogenlinie schmiegen. Am Ende der Blickachse thront ein riesiges Kreuz in weißem Mauerrahmen wie ein stiller Wächter über allem. In der Ferne rauscht zur friedlichen Ruhe das ewige Meer.

1940 wurden hier die ersten Toten bestattet, allesamt Opfer des Krieges: angespülte namenlose Tote, im Krieg gefallene Langeooger, 113 russische Zwangsarbeiter, die auf der Insel elendig verreckten, sowie mehrere hundert Menschen aus dem Baltikum – Bewohner eines Altersheims, die nach einer strapaziösen Flucht geschwächt auf Langeoog strandeten und schließlich fern der Heimat hier starben. An alle wird gleichermaßen respektvoll erinnert.

Ein einziges Manifest gegen den Krieg ist dieser kleine Dünenfriedhof. Das ist vor allem dem Mann zu verdanken, der aus dem nüchternen »Baltenfriedhof« in der kargen Umgebung ein irdisches Paradies in Grün zauberte: Dr. Jürgen Baron von Schilling. Sein Vater ist einer der hier begrabenen Balten. Die Gestaltung wurde für ihn zur Lebensaufgabe, die Handschrift des überzeugten Pazifisten ist an jeder Stelle des Friedhofs erkennbar.

Adresse Gerk-sin-Spoor, oberhalb des Sonnenhofs von Lale Andersen | **Tipp** Über das Leben der Lale Andersen, auch über ihre Auftrittsbeschränkungen unter den Nationalsozialisten, finden sich viele originale Dokumente im Heimatmuseum »Seemannshus« (siehe auch Ort 81).

10_ Die Dünen-Oase
Respekt und gute Laune: der Gastronomie-Außenposten

Direkt an der Fahrradpiste ins Pirolatal liegt dieser Fleck, der seinen Namen zu Recht trägt: Mitten in den Dünen, windgeschützt, steht dieses kleine Freiluft-Bistro idyllisch am Ortsrand, die letzte Station, um aufzutanken, bevor es in die wilde Natur Langeoogs geht. Ganz oben bei »Gerk-sin-Spoor« fährt man am Fahrradparkplatz rechts rein in die Dünenlandschaft. Nur wenige Meter weiter steht sie dann da im Sand, die gastronomische Bretterbude. Dieses Image pflegt die »Dünen-Oase« auf hohem Niveau, und das schon seit zehn Jahren.

Gegessen und getrunken wird draußen: auf der großen Terrasse mit den ebenso großen Sonnenschirmen und Windschutzgläsern, im kleinen Rund der Rosenhecken gegenüber oder an den schattigen Bistrotischen im Eingangsbereich. Jeden Tag wird dieses Ensemble neu aufgebaut, jeder Morgen beginnt mit dem Frühsport des Möbelaufstellens. Gebrutzelt und eingeschenkt wird drinnen. Vor allem die selbst gemachten Frikadellen sind der Renner. Und auch sonst steht alles auf der Karte, was bei einem kurzen Imbiss stärkt.

Die Geschäftsphilosophie ist so simpel wie erfolgreich: »Alle sind gleich«, erklärt Wolfram, der unermüdlich von drinnen nach draußen unterwegs ist. »Alle Gäste behandeln wir gleich zuvorkommend und freundlich. Genau das erwarten wir vom Serviceteam umgekehrt dann auch von unseren Gästen.« Dieser Geist des gegenseitigen Respekts durchzieht alles. Und es passt irgendwie ins Konzept der »Dünen-Oase«, dass hier jeder sofort herzlich geduzt wird.

Das Team ist ein Quartett: Neben Wolfram schmeißen Stephan, Sammy und Conny den Laden, eingespielt seit Jahren, was angesichts des grassierenden Personalmangels auf der Insel auch für ein gutes Arbeitsklima spricht. 14 Tage vor Ostern geht es jedes Jahr los, am Wochenende nach Allerheiligen ist Schluss. Im kalten Winter wird die »Dünen-Oase« nochmals kurz geöffnet zum beliebten »Eiergrog« zwischen den Jahren.

Adresse Gerk-sin-Spoor 12, Tel. 0176/34926492, facebook.com/DuenenOase-Langeoog | **Öffnungszeiten** täglich 11–18 Uhr (wetterabhängig) | **Tipp** Von hier kann man auch zu einem schönen Rundgang starten: hinein ins Pirolatal, an der Kreuzung zu »Tjard-sin-Utkiek« links hinunter an den Strand und wieder zurück in die Zivilisation.

11 Das Dünensingen im Tal
Der Mitmach-Chor von Herbert Burmester

Dienstagabend auf Langeoog: Wie von unsichtbarer Hand bewegt ziehen Menschen über Menschen Richtung Kaapdünen am Wasserturm. Ob groß oder klein, alt oder jung, zu Fuß, mit dem Fahrrad oder Rollator – sie alle haben nur ein Ziel: das große Dünental am Weg »Zum Hauptbad«. Denn um acht Uhr beginnt hier in der Saison jede Woche ein Open-Air-Event, das zu den festen Terminen im Kalender der meisten Gäste auf Langeoog gehört. Seit mehr als 50 Jahren trifft man sich zum gemeinsamen Dünensingen.

Eine feste Größe im Inselprogramm ist auch Herbert Burmester, der durch den stimmgewaltigen Abend führt. Die achtzig hat er mittlerweile schon überschritten, aber eigentlich kann ihn kaum etwas davon abhalten, Mikrofon und Akkordeon in die Hände zu nehmen und gemeinsam mit Hunderten von Gästen die Klassiker maritimen Liedguts anzustimmen. Die Melodien kennt fast jeder, und was den Text angeht, gibt es ein Liederbuch, das für einen kleinen Beitrag zugunsten der örtlichen Musikstiftung gekauft werden kann.

Unterstützt wird der Frontmann von Mitgliedern des Langeoog-Chors »de Likedeeler« wie etwa Eva Funke am leichten Frauen-Akkordeon. Auch Altrocker Gary Walden an der Gitarre ist regelmäßig dabei. Und immer wieder sind es auch Gäste, die es sich nicht nehmen lassen, selbst auf der Naturbühne zu stehen, und die Musikgruppe ergänzen wie etwa Hermann Schürmann aus Bielefeld, der jeden Sommer in die Tasten seines Schifferklaviers greift. Mehr als eine Stunde wird aus vollen Kehlen geschmettert, was das Zeug hält. Mitmachen lautet die Devise im Dünenkessel.

Das Lieblingslied von Herbert Burmester ist auch nach rund 20 Jahren Dünensingen »Wo die Nordseewellen trekken an den Strand«. Das wird selbstverständlich immer gesungen. Mit »Lili Marleen« endet jedes Singen. Jenes Lied, das die prominenteste Stimme der Insel, Lale Andersen, einst zum Weltstar machte.

Adresse in den Kaapdünen unterhalb des Wasserturms | **Tipp** Wer nicht selbst singen möchte, der hat auf Langeoog viele Gelegenheiten, Musik zu erleben. Von den Shantysängern (siehe auch Ort 83) über Rockig-Maritimes bis zum Gospelchor – in der Saison gibt es fast jeden Abend Auftritte auf der äußerst musikalischen Insel.

12 Die Eheringschmiede
Sie für ihn und er für sie: Selbst ist das Brautpaar

Ein Ring, der ewig bindet – das sollte ein Ehering im Idealfall sein: in guten wie in schlechten Zeiten ein Begleiter, auf jeden Fall ein ganz besonderes Schmuckstück im Leben. Wenn man ihn für seinen Partner oder seine Partnerin selbst schmiedet, wird das Edelmetall am Finger noch ein Stück wertvoller. Das Anfertigen der eigenen Trauringe ist eine Übung, die im wahrsten Sinne des Wortes zusammenschweißt. Auf Langeoog ist das in der »Hofgoldschmiede am Meer« möglich. Dort können sich Paare unter Anleitung ihre ganz individuellen Eheringe schmieden: ein sehr emotionales Do-it-Yourself fürs Leben und die, die sich trauen.

Rund sechs Stunden dauert es, bis das Kunstwerk fertig ist. Mindestens 30 Arbeitsschritte sind dafür nötig. »Es ist wie ein vorgezogener Honeymoon«, meint die Goldschmiedin und Inhaberin Martina Runge, die diese speziellen Kurse in ihrem Geschäft mit Meisterwerkstatt anbietet. »Ein Schatz für einen Schatz« heißen sie und kosten 160 Euro pro Paar. Dazu kommen noch die Kosten für das Material, die je nach Goldpreis unterschiedlich hoch sein können. Verarbeitet wird ausschließlich hochwertiges Edelmetall, Rot- und Weißgold, auch Platin.

Es gibt auch immer wieder Paare, die sich lange nach der Heirat neue Eheringe schmieden. Weil man herausgewachsen ist aus seinen alten oder weil man auf eine gelungene, lange Ehe rückblickend den Bund mit einem gegenseitig geschmiedeten Ring festigen will. Warum auch immer, es sind auf jeden Fall sehr persönliche Schmuckstücke, die jedes Mal an den Werkbänken entstehen. Für das gute Gelingen ist ein Vorgespräch mit der Goldschmiedin nötig, um den Entwurf für die Ringe zu entwickeln, Material und Preis abzustimmen. Dann kann es am nächsten Tag losgehen mit dem ganz besonderen Liebesbeweis. Dass gemeinsames Goldschmieden glücklich macht, davon zeugen jedenfalls die vielen Fotos strahlender Paare an der Wand.

Adresse Barkhausenstraße 34, Tel. 04972/990344, www.hofgoldschmiede-am-meer.de | **Öffnungszeiten** Mo–Sa 10–13 und 15–18 Uhr | **Tipp** Sie müssen nicht unbedingt selbst schmieden, um zu ganz persönlich gestalteten Trauringen zu kommen. Es reicht auch das gemeinsame Entwerfen zum Glück, den Rest übernimmt dann der Profi.

13 — Der Eine-Welt-Laden
Konkret helfen, die Umwelt schonen, Afrika fördern

Bereits in den 80er Jahren wollte man auf Langeoog ein Bewusstsein schaffen für die Folgen der Gentechnik, für Umweltschutz und die Armut in der sogenannten Dritten Welt. Die Anfänge des Eine-Welt-Ladens auf Langeoog liegen mehr als 30 Jahre zurück, doch im Grunde verfolgt man heute ähnliche Ziele wie damals, als alles noch unter dem Namen »Dritte-Welt-Laden« startete: konkrete Hilfe in Entwicklungsländern zu leisten, nachhaltig zu denken und zu handeln sowie die Umwelt zu schonen.

Das konkrete Hilfsprojekt ist über die Jahrzehnte hinweg das gleiche geblieben: Es gilt der kirchlichen Entwicklungsarbeit in Burkina Faso. Ansonsten hat sich natürlich mit der Zeit vieles geändert. Mit Deike Neumann, die als Frau des Inselpastors die Verantwortung für den Laden übernahm, kam 2016 nochmals frischer Wind herein.

Auch optisch wurde viel getan. Der Laden, leicht versteckt hinter der rückseitigen Front der Inselkirche, ist dank dem farbig unterlegten Schriftzug an den Oberlichtern der Fenster mittlerweile leicht zu finden. Und innen wurde gestrichen, umgeräumt und dekoriert.

Heute betritt man einen gut sortierten Laden, der jede Menge fair gehandelter Produkte bereithält, wie Lebensmittel, Dekorationsmaterialien, Kleidung oder Körbe aus sich entwickelnden Ländern. Einmal im Jahr gibt es die große »Mango-Aktion« mit köstlichen Früchten aus Burkina Faso, auf die halb Langeoog ungeduldig wartet.

Der »Eine-Welt-Laden« unterstützt direkt, ohne zwischengeschalteten Handel, drei Produkte, die man auf Reisen durch Afrika selbst entdeckt hat und durch den Verkauf nun fördert, wie etwa eine Solar-Tischlampe aus Südafrika.

Gestemmt werden kann dies alles nur durch den unermüdlichen Einsatz eines Teams von zehn Damen, die ehrenamtlich den Verkauf betreuen. Der »Eine-Welt-Laden« ist voll abgabenpflichtig. Was als Gewinn übrig bleibt, geht an die geförderten Projekte in Afrika.

Adresse Evangelisch-lutherische Kirchengemeinde, Vangerowpad 2, Tel. 04972/922449, www.inselkark.de | **Öffnungszeiten** April–Okt. in der Regel täglich 10.30–12.30 Uhr; in den Wintermonaten Mi, So 10.30–12.30 Uhr | **Tipp** Werfen Sie auch kurz mal einen Blick auf den »Grünen Hahn«. Die farbenfrohe Blechskulptur steht auf dem Kirchenareal ganz in der Nähe des Eine-Welt-Ladens. Sie ist eine Auszeichnung der Landeskirche in Hannover für besonders vorbildlich praktizierten Umweltschutz, die erste in Ostfriesland.

14_ Das erste Haus am Platze
Wo das junge Nordseebad Premiere feierte

Ein »Gewerbe zur Förderung der Völlerei«, so bezeichnete man seinerzeit amtlich klipp und klar die Absichten des zukünftigen Hotelgastronomen Hermann Ahrenholtz, der im Januar 1884 eine Konzession für derlei Geschäft auf Langeoog beantragte. Das war die Geburtsstunde des ersten Hotels der Insel, des Hotel Ahrenholtz. Das Hotel war ein Haus »Ersten Ranges«: Es bot einen erstklassigen Service, wie etwa ein opulentes »Mittagessen, 5 Gänge«, so im Badekalender von 1899 zu lesen.

Nach dem Tod des Gründers ging das Hotel 1906 in den Besitz der Familie Flörke über und erhielt seinen heutigen Namen. 1959 übernahm das Ehepaar Gerda und Josef Spies das Haus ohne Namensänderung. 1977 wurde das alte Gebäude abgerissen, der neue Komplex später mehrfach umgebaut und 2008 um das nebenan liegende Hotel Langeooger Inselzeiten erweitert. Das Hotel Flörke ist heute ein modernes Vier-Sterne-Garni-Hotel für gehobene Ansprüche.

Die Zimmervermietung und die Verköstigung von Gästen hat sich seit den frühen Gründerzeiten zu dem wichtigsten Wirtschaftszweig Langeoogs entwickelt. Fast jeder Arbeitsplatz auf der Insel hat mit dem Tourismus zu tun. Die Hauptsaison ist kurz: von Mai bis September. 2018 zählte die Gemeinde insgesamt 214.000 Besucher, und das bei noch nicht einmal 2.000 Einwohnern. Die meisten davon sind Tagesgäste. Denn die Zeiten, als man den dreiwöchigen Jahresurlaub auf der Insel verbrachte, sind vorbei. Der Trend geht zum Kurzurlaub: 1973 betrug die durchschnittliche Verweildauer auf Langeoog noch 17,2 Tage. Heute sind es im Schnitt 7,2 Tage, die jeder Urlauber hier verbringt – bei 1,54 Millionen Übernachtungen.

Immer gern gesehen wie schon einst: »Sie kommt, sie kommt – die Pferdebahn! Ist voll von Gästen aus Süd und Westen. Und was zu allermeist gefällt: Die fremden Gäste bringen Geld.« So hat es Stammgast August Hagedorn schon früh festgehalten, und daran hat sich bis heute grundsätzlich nichts geändert.

Adresse Hotel Flörke, Hauptstraße 17–19, Tel. 04972/92200, www.hotel-floerke.de | **Tipp** Wer tagsüber viel an der frischen Luft unterwegs ist, der freut sich abends auf Entspannung. Wellness und Spa werden nicht nur im Hotel Flörke ganz groß geschrieben. Auf www.langeoog.de gibt es einen Überblick über das breite Angebot und viele Gutscheine zum Verschenken.

15 Der Fahnenmast

An der großen Kreuzung, am Fuße des grünen Hügels

Hier kreuzen sich viele Wege: so die Barkhausenstraße mit der Gartenstraße. Hier geht es aber auch die Kurstraße und den Kurgarten entlang hinauf auf den Hügel, auf dem sich die großen Kureinrichtungen und das »Haus der Insel« als ein architektonisches Zentrum des Tourismus erheben. Ganz unten, am Fuße dieses Wellness- und Unterhaltungshügels, an der Kreuzung, steht ein Fahnenmast. Er hat im oberen Drittel einen Querbalken, von dem außen dünne Seile ganz hoch zur Spitze und hinunter zum Fuß laufen, wie beim Achterliek eines Segels.

Ganz zart wie ein Segel wirkt daher auch dieses Fahnenkreuz, fast schon ein wenig verloren auf seinem großen Backsteinfundament. Das aber gern als Sitzplatz umfunktioniert wird, wenn man sich ausruht, verabredet oder sein Eis vom »Eiscafé Venezia« gegenüber schleckt. Was auch die Möwen und Dohlen sehr freut, die sich gern auf den Masten und den umliegenden Bäumen versammeln, um sich Reste von Eiswaffeln zu schnappen.

Auch Fahnen werden hier ab und an gehisst. Das macht meist die Feuerwehr in herausfahrbarem Korb an der langen Leiter. Insgesamt drei Fahnen können an das filigrane Gebilde gehängt werden. Immer dabei ist die Deutschlandfahne ganz oben. Daneben, an den beiden Seiten des Querbalkens, wird variiert. Gern weht hier die hellblaue Fahne mit dem Logo des Tourismus-Service, schließlich betritt man am Fuße des »Kurenhügels« auch dessen ureigenes Gelände.

So recht anzufangen weiß aber keiner etwas mit dem Fahnenkreuz an diesem Platz, der das Ende der Fußgängerzone markiert und ansonsten keine weitere Funktion hat. Der offizielle Fahnenmast der Gemeinde steht ohnehin vor dem Rathaus und ist der, der bei allen regierungsamtlichen und repräsentativen Anlässen zum Einsatz kommt. Die Fahne Langeoogs hat wie die Fahne Ostfrieslands auch drei Querstreifen in Schwarz, Rot, Blau – nur dass auf ihr in der Mitte noch ein großes »L« in strahlendem Weiß prangt.

Adresse Barkhausenstraße/Ecke Gartenstraße, am Fuße des Kurgartens | **Tipp** Besonders hübsch flaggt immer die Stegwartin im Yachthafen. Dass sie da ist, erkennt man an den bunten Wimpeln der Nachbarinseln, die sie dann entlang des Steges flattern lässt.

16 Der Fahrradverleih

»Rad & Roll«: mit bunten Beachcruisern über die Insel

Wo sie fahren, fallen sie sofort ins Auge: Das sind keine normalen Fahrräder, das ist Design auf zwei Rädern, was da über Langeoog rollt. Wer mit einem echten Klassiker unterwegs sein will, der entscheidet sich auf der autofreien Insel für einen Beachcruiser als Fortbewegungsmittel. Der »Cruiser« ist ein Fahrradtyp, der in den USA entstanden ist. Man könnte ihn als den amerikanischen Straßenkreuzer des Fahrradverkehrs bezeichnen. Seine Markenzeichen: eine geschwungene Rahmenform und breite Ballonreifen.

Seit 2008 haben diese ganz besonderen Räder auch ein Zuhause an der Nordsee. Andreas Moselage hat sie damals für sich entdeckt, nach Langeoog gebracht und mit ihnen seinen Fahrradverleih »Rad & Roll« gegründet. Eine Erfolgsgeschichte. Mehr als zehn Jahre war die auffällige Kollektion direkt an der Hauptstraße zu bewundern. Mittlerweile befinden sich Verleih sowie Verkauf der »Electra Bikes« – für die er der einzige Händler auf der Insel ist – am Rande des Gewerbegebiets direkt gegenüber von »Fisch Klette« im Polderweg.

Die stylishen Räder stammen ursprünglich aus San Diego, und ein Stück kalifornisches Lebensgefühl bringt »Rad & Roll« damit auch in die Dünen Langeoogs. Die Beachcruiser sind in den unterschiedlichsten Varianten zu leihen und erlauben damit jedem, sein Statement im Sattel zu setzen: Zur Auswahl stehen ganz viele »Fashion Styles«, etwa Modelle mit bunten Blumen auf dem Blech oder solche, die mit britischer Flagge den Oldtimer-Charakter betonen. Besonders beliebt sind die Tandems im coolen Retro-Design bei Brautpaaren, die sich gern im gemeinsamen Strampeln üben.

Gern gesehen sind Moselages Cruiser bei den Fernsehteams der Republik, wie etwa bei der »Tatort«-Produktion. Auch Fortuna Düsseldorf hatte schon das Vergnügen. Denn obwohl ihn die Liebe einst nach Langeoog brachte, schlägt das Fußball-Herz nach wie vor für seinen Lieblingsverein aus dem Rheinland.

Adresse Polderweg 5a, Tel. 04972/912979, www.radandroll.de | **Öffnungszeiten** Mo–Sa 10–12.30 und 15–17.30 Uhr, So 10–12.30 Uhr (März–Okt.) | **Tipp** Auf Langeoog ist ein Fahrrad fast unverzichtbar. Nur so lässt sich die Insel in ihrer ganzen Länge wirklich erkunden. Der erste Gang nach Ankunft sollte zu einem der vielen Fahrradverleiher vor Ort führen, die stets ein großes Sortiment zur Auswahl haben und individuell beraten.

17_Der Fair-Trade-Treffpunkt
Das große Biobüfett für fairen Handel

Wenn man nur einen Ort herausgreifen wollte, an dem sich der Fair-Trade-Gedanke auf Langeoog alljährlich konzentriert, dann ist das zweifelsohne die Tischtennishalle unterhalb des Panorama-Restaurants »Seekrug«. Am Samstag nach Pfingsten ist das gemeinsame Biofrühstück dort der Treffpunkt aller, die sich für fairen Handel interessieren. Bei gutem Wetter draußen, bei schlechtem drinnen – so ist es Brauch in der Gemeinde, die im April 2012 zur allerersten Fairtrade-Insel Deutschlands gekürt wurde. Seitdem ist Langeoog Teil einer weltweiten Bewegung, der »Fairtrade-Towns«. 2014 und 2018 wurde der Insel das begehrte Gütesiegel erneut verliehen.

Motor hinter all diesen Aktivitäten ist die 2011 gegründete »AG Fairtrade Insel Langeoog«. »Im März 2016 haben wir in Berlin bei den nationalen Fairtrade Awards den zweiten Platz in der Kategorie Zivilgesellschaft belegt«, freut sich Frank Niemeier, Sprecher der Gruppe, über einen weiteren sichtbaren Erfolg. Die Ausgezeichneten haben 2019 auch selbst Preise verliehen: Eine Rose, fair gehandelt, und eine Urkunde gab es für alle hiesigen Betriebe, die die Idee des fairen Handels besonders unterstützen. Mit einer Textilaktion feierte man im selben Jahr ebenfalls Premiere und unterstützte damit die bundesweite »Fashion Revolution Week«, die sich für eine fairere und sicherere Produktion von Kleidung und Stoffen einsetzt.

Das Biofrühstück in der Tischtennishalle ist wie ein Familientreffen. Hier kommen alle zusammen, Gäste und Insulaner, die sich für die gute Sache starkmachen. Den Status von Exoten haben sie schon lange hinter sich gelassen, wie auch Niemeier betont: »Wir sind ein Querschnitt durch die Bevölkerung. Gemeinde, Betriebe, Privatleute – alle gesellschaftlichen Gruppen sind in der AG vertreten.« Von dem großen Engagement kann man das ganze Jahr profitieren. Viele der fair gehandelten Frühstücksleckereien vom Büfett gibt es auch sonst auf Langeoog zu erwerben: immer dort, wo das Fair-Trade-Symbol an der Mauer oder auf dem Schaufenster prangt.

Adresse rund 30 Fair-Trade-Orte finden sich auf www.langeoog.de | **Tipp** Das erste biozertifizierte Hotel Langeoogs war das Dünenhotel Strandeck am Kavalierpad 2 (strandeck.de), andere wie etwa das Haus Dünenlust in der Mittelstraße 27 (haus-duenenlust.de) folgten.

18 Der Falkenweg
Ein Warnschuss: die Havarie der »Glory Amsterdam«

Der Weg führt durch eine idyllische Dünenlandschaft. Direkt vom Gelände der Meierei zweigt er ab, in sanfter Kurve geht es zwischen den dunklen Büschen der Krähenbeere hinauf, bis man ganz oben auf dem letzten Dünenkamm steht und es einem schier die Sprache verschlägt angesichts von so viel Schönheit: kilometerlang nur feinster weißer Sandstrand vor blauer Nordsee und endlosem Himmel.

Sprachlos waren auch die Menschen am 29. Oktober 2017, als sie am frühen Abend von genau dieser Dünenhöhe am Ende des Falkenwegs zum Horizont schauten. Denn dort, zwei Kilometer vor der Küste Langeoogs auf einem Sandriff der »Otzumer Balje«, strandete in einem tobenden Sturmtief mit Windstärken zwischen 8 und 10 die »Glory Amsterdam«. Mitten im Nationalpark Wattenmeer und betankt mit 1.800 Litern Schweröl als Treibstoff saß der rote Riese fest. Die Havarie des 200 Meter langen Frachtschiffs sorgte für Schlagzeilen, da es erst nach vier Tagen geborgen werden konnte.

Das Unglück gilt aber auch als Warnschuss. Es ist noch mal alles gut gegangen, doch bei der Rettungsaktion zeigten sich viele Mängel in Sachen Bereitschaft des Havariekommandos, aber auch bei der Kommunikation mit der chinesischen Besatzung, die die englischen Anweisungen der Rettungsteams wohl nicht verstand.

Die Verkehrsdichte in der Nordsee ist hoch. Laut dem zuständigen Wasserstraßen- und Schifffahrtsamt in Cuxhaven steuern etwa 58.500 meldepflichtige Schiffe pro Jahr die Außenelbe an oder verlassen sie in Richtung Nordsee. Immer wieder gehen den Schiffen auch Container verloren. Die Bremer Hochschule für Nautik nennt für die Weltmeere rund 1.600 Verluste im Jahr. Langeoog musste Ende 2016 eine besondere Überraschung meistern, als ein Frachter Container verlor und der Strand mit 10.000 bunten Plastikeiern übersät war. Die Globalisierung hinterlässt auch auf Langeoog ihre Spuren, bisher nur glimpfliche. Wie lange noch?

Adresse Nationalpark Wattenmeer Langeoog, Meierei/Falkenweg | **Tipp** Der Weg kann verlängert werden zu einer großartigen sieben Kilometer langen Wanderung in den Osten bis zur Pfahlrcihe am Strand, dann über die Dünen des Ostendes zur Infohütte am »Osterhook« und wieder entlang der Salzwiesen zurück zur Meierei. Dauer: zwei bis drei Stunden.

19 Das Fischgeschäft
Ab ins Gewerbegebiet: ein Ausflug, der sich lohnt

Man kann schon sagen: Die Lage ist außergewöhnlich. Direkt bei den Bauhöfen der Gemeinde, hinter dem Bahnhof, weit vom Dorfkern und nah beim Rohstoff-Sammelplatz, liegt dieses Geschäft: »Fisch Klette«. Ein Exot in einem Ambiente, das nicht gerade einlädt zu touristischen Ausflügen. Aber vielleicht ist es gerade das, was es so anziehend macht. »Fisch Klette« ist anders und einzigartig. Zumindest ist es das einzige Fischgeschäft auf Langeoog.

Dabei ist Firmengründer Sven Klette von Haus aus kein Fischer, sondern Tischler, der gemeinsam mit einem Freund in den frühen 80ern feststellte: »Auf Langeoog gibt es kein Fischgeschäft.« Das sollte sich schnell ändern. Man nahm Kontakt auf mit dem Fischer Peter de Witt in Accumersiel gegenüber auf dem Festland, der zum ersten Lieferanten von »Fisch Klette« wurde. Die Übergabe des frisch gefangenen Fischs fand in den Gründerjahren immer auf hoher See statt: In der Accumer Ee zwischen Langeoog und Baltrum übernahm man noch vor dem Morgengrauen den Fang. Da kostete die Seezunge 60 Pfennig, und eine kleine Scholle war für 30 Pfennig zu haben.

Sven Klette erinnert sich gern an die wilden Anfangsjahre, aber auch an die Jahre des Aufbaus und Wachstums. Aus der spontanen Idee, auf Langeoog Fisch zu verkaufen, und einer ersten Ladenbude ist über die Jahre ein respektabel großes Geschäft mit angeschlossenem Restaurant, der »Fischkombüse«, geworden. Man sei mit den Wünschen der Kunden gewachsen.

Dazu gehöre etwa die eigene Räucherei, die man bald angeschafft habe. Auch bot man schon recht früh Salate an, die nicht vor schwerer Mayonnaise trieften, wie etwa den mit pikanten Senfkörnern verfeinerten »Langeooger Matjessalat«. Ein Renner wurden die fertigen Fischgerichte wie zum Beispiel die Lachs-Lasagne, die vom ersten Servieren an ein Riesenerfolg war. Ein Ausflug ins Gewerbegebiet, das ist auf Langeoog ein kulinarisches Muss.

Adresse An den Bauhöfen 2, Tel. 04972/912960 (Geschäft), 912962 (Restaurant), www.fischgeschaeft.com | **Öffnungszeiten** Geschäft: Mo–Fr 9–18 Uhr, Sa 9–12.30 Uhr, Restaurant: Mo–Sa 11.30–14 und 17–19.30 Uhr, So beide geschlossen | **Tipp** Als Kenner von Fisch und Leuten weist sich aus, wer ganz selbstverständlich nach »Granat« verlangt, wenn er frische Krabben kauft. Frisch gepult schmecken sie am allerbesten.

20__Das Friesengut Langeoog
Stilvolle Architektur und unten drin ein Supermarkt

Es soll so aussehen, als habe es immer schon dagestanden, und doch handelte es sich mit einem Investitionsvolumen von 19 Millionen Euro um eines der größten Neubauprojekte der vergangenen Jahrzehnte: das »Friesengut Langeoog«. 2013 wurde es auf dem Gelände eines ehemaligen Tagungszentrums auf einer Baugrundfläche von 6.380 Quadratmetern errichtet und ist für Inselverhältnisse ein gigantischer Gebäudekomplex. 28 Eigentumswohnungen befinden sich darin. Was aber noch viel interessanter ist: Auch 18 Mietwohnungen waren im Bebauungsplan von Anfang an vorgesehen, vor allem für die Mitarbeiter der sich ebenfalls auf dem Gelände befindenden Gewerbebetriebe.

Und tatsächlich: Trotz der großen Baumasse ist es den Planern und dem Berliner Büro »Nöfer Architekten« gelungen, mit der Aufteilung der Bauelemente und mit dem gezielten Einsatz von Backstein an den ansonsten weiß verputzten Gebäuden optisch kleinere Einheiten zu schaffen. Mit seinen Bezügen auf historische Elemente des angrenzenden alten Zollhauses, mit seiner aufwendig geschwungenen Dachkonstruktion und dem bogenförmigen Fenstern wirkt es fast wie ein Jugendstilbau. Das »Friesengut Langeoog« gehört definitiv zu einem der schönsten architektonischen Würfe des modernen Langeoog.

Für friesische Ursprünglichkeit und Leben in den Mauern sorgt »Isenecker's Marktplatz«. Denn in der Architekturperle befindet sich ganz unten an der zur Friesenstraße liegenden Seite des Areals seit 2015 ein Supermarkt mit gehobener und breit gefächerter Auswahl. Ein Treffpunkt für alle: Insulaner und Gäste vereint an der Kasse oder vor dem Gebäude, vor allem donnerstags, wenn die Inhaber Juliane Reis und Helge Obernolte mit Rabattaktionen die Kunden locken. Das Marktflair des Ensembles wird noch verstärkt durch einen Vorplatz an der unbebauten Ecke des Grundstücks, auf dem Strandkörbe zum Platznehmen und Ausruhen einladen.

Adresse Friesenstraße 8–10, Tel. 04972/245 | **Öffnungszeiten** Mo–So 7–20 Uhr (kein Ruhetag) | **Tipp** Wer durch das Viertel beim »Friesengut Langeoog« spaziert, der kann noch weitere Gebäude aus den Anfangsjahren des Tourismus entdecken. Vor allem in der Mittelstraße Richtung »Seemannshus« stehen einige historische Schmuckstücke.

21 Die Fußgängerzone
Das (fahrrad-)verkehrsberuhigte Dorf

Eine Fußgängerzone ist an sich nichts Besonderes. Die hier aber schon: Denn eigentlich hat Langeoog gar keinen Verkehr. Jedenfalls keinen Autoverkehr. Macht eine Fußgängerzone da überhaupt Sinn? Auf jeden Fall, denn statt Autos gibt es jede Menge Fahrräder – vor allem in der Haupt- und Feriensaison, wenn die vielen Tagesgäste die Insel regelmäßig fluten und sich radelnd auf Entdeckungstour begeben. Mit Ankunft der Fähren wimmelt es im touristischen Zentrum nur so von Menschen, sodass es für Fußgänger mitunter gefährlich wurde. So kommt es, dass Langeoog wohl der einzige Ort Deutschlands sein dürfte mit einer Fußgängerzone, die die Menschen nicht vor Autos, sondern vor Fahrradfahrern schützt.

Sie dürfte auch eher zu den kürzeren der Republik gehören. Auf der Hauptstraße reicht sie vom Vormann-Otten-Weg bis zum Rudolf-Eucken-Weg und dem Sträßchen Am Wasserturm. In der Barkhausenstraße zieht sie sich von der Hauptstraße bis zum Fahnenmast an der Gartenstraße. Die erste Strecke ist etwa 200 Meter lang, die zweite circa 250 Meter. Hier heißt es von den Osterferien bis zum Ende der Herbstferien für alle Fahrradfahrer: Absteigen. Das Fahrverbot für Räder gilt täglich von 10 bis 20 Uhr. Auch in der übrigen Zeit haben Fußgänger immer Vorrang vor anderen Verkehrsteilnehmern. Dann darf man zwar fest im Sattel sitzen bleiben, sollte aber nur Schritttempo fahren.

Die neue Regelung war anfangs sehr gewöhnungsbedürftig, vor allem für Stammgäste und Insulaner. Mittlerweile hat sich eine regelrechte Umgehungsstraße gebildet wie im echten Autofahrerleben auch: Im großen Bogen strampeln Ortskenner über Vormann-Otten-Weg, Am Wall und Gartenstraße um die Radfahrverbotszone herum. Die Fahrradverleiher an den beiden Straßen fanden die neue Fußgängerzone nur bedingt amüsant. Statt einer Testfahrt mit dem Leihrad dürfen ihre Kunden seitdem erst mal schieben.

Adresse Hauptstraße und Barkhausenstraße in den markierten Bereichen der Fußgängerzone | **Tipp** Fahrradfahren ist auf Langeoog ein Muss, wenn man es in seiner ganzen Vielfalt entdecken will. Für Tagesausflügler empfehlen sich geführte Fahrradtouren, die einen ohne große Ortskenntnisse in kurzer Zeit mit den schönsten Flecken der Insel vertraut machen, etwa mit dem Insulaner Peer Agena (Tel. 04972/990311).

22 Das Geschenkartikelgeschäft

»Fokko Gerdes«: gleicher Name, ansonsten alles anders

Dieser Laden ist eine Institution. Schon in einem Prospekt für Badegäste aus dem Jahr 1901 wird das »Galanterie- und Manufactur-Geschäft Fokko Gerdes« erwähnt. Das hatte seinen Sitz anfangs in Emden-Wolthusen und eine Filiale in Spiekeroog. Besonders seine Geschenkartikel wurden »als Seehund-, Perlmutt-, Muschel- und Bernsteinwaren den geehrten Badegästen bei billigsten Preisen angelegentlichst empfohlen«. So warb man in jenen frühen Jahren des Nordsee-Tourismus.

»Fokko Gerdes gibt es wohl schon seit Anbeginn der Zeit«, so schrieb ein Fan in den sozialen Medien. Das war 2009 und das Geschäft Kult. Es war noch einer von diesen ganz selten gewordenen Krämerläden in Deutschland, in denen es einfach alles gab: von Socken über Jacken, Rucksäcke, Sonnencreme und Badeschlappen bis zu Kinderspielzeug. Sogar Hundeleinen kramte man aus dem Lager hervor. Ein richtiger Gemischtwarenladen im wahrsten Sinne des Wortes. Nach dem Tod des alten Fokko Gerdes im Juli 1992 führten seine beiden Töchter das Geschäft bis ins hohe Alter weiter, auch den zum Teil musealen Warenbestand: ein echtes Kuriosum.

Das kultige Krämerflair ist mittlerweile Vergangenheit. Zwar ist der alte Name geblieben, nur verbirgt sich heute dahinter ein gepflegtes Ladenlokal mit maritimen Geschenkartikeln, Papierwaren und schönen Ferienmitbringseln. Was viele heute enttäuschen mag, die in alten Urlaubserinnerungen aus der Kindheit schwelgen. Doch wenn man es genau nimmt, ist man zu den frühen Anfängen zurückgekehrt, zu dem »Galanterie«-Geschäft der Jahrhundertwende. Noch immer ist es Fokko Gerdes, bei dem alle Blicke enden, wenn man von der Barkhausenstraße zur Hauptstraße schaut. Wie vor mehr als 100 Jahren befindet sich das Haus als Blickfang genau an der Stelle des Ortes, an dem die beiden Hauptachsen zusammentreffen.

Adresse Hauptstraße 29, Tel. 04972/364 | **Öffnungszeiten** Mo–Sa 10–18 Uhr | **Tipp**
Einen lebendigen Blick in die Vergangenheit des Tourismus auf Langeoog erlaubt das Heimatmuseum im »Seemannshus«. Bademoden im Wandel der Zeit sind hier zu sehen und auch Strandartikel, die es ganz früher mal bei Fokko Gerdes zu kaufen gab.

23 — Der Granitstein
Die Vermessung der Welt oder eine Spitze des Dreiecks

Es war im Sommer 1841, als sich Georg Wilhelm Müller an die Arbeit machte: Er setzte zum ersten Mal einen Vermessungspunkt auf die Kaapdünen von Langeoog. Der Artilleriehauptmann war beauftragt mit der Triangulation des Königreichs Hannover. Das ist ein Verfahren, bei dem Kartografen den Boden mit Dreiecken überziehen und mit Hilfe der Mathematik und Winkelfunktionen die Länge der Schenkel und damit Entfernungen bestimmen. Gelernt hatte er die neue Technik vom berühmten Mathematiker Carl Friedrich Gauß, dessen Mitarbeiter er war.

Von dem eigens errichteten steinernen Postament auf Langeoog aus nahm Müller seine Arbeit auf. Der Wasserturm stand damals noch nicht an dieser Stelle. Er vermaß die Winkel zu den Nachbarinseln Baltrum und Spiekeroog und zu den Orten Dornum und Esens auf dem Festland. Das ist alles ganz genau nachzulesen in Akten, die das Landesamt für Geoinformation und Landesvermessung Niedersachsen in Hannover besitzt. Fachgebietsleiter André Sieland hat noch einen ganz besonderen Schatz in seinem Archiv: einen Originalbrief Müllers an Gauß, in dem er festhält, wie schwer es auf Langeoog war, seiner Aufgabe nachzukommen. Denn just im geplanten Moment war der Himmel dunkel von den Rauchschwaden des Torfbrands, die von den Moorkolonien herbeizogen.

Bis heute ist der Messpunkt am Wasserturm von Langeoog eine bedeutende Marke im geodätischen System der Landesvermessung. Er ist ein Punkt im TP-Netz 1. Ordnung. Das heißt, er ist der Ausgangspunkt für alle Folgeberechnungen und alle kleineren Dreiecksnetze, die wie ein Spinnennetz das Land überziehen. Der Granitpfeiler, den man heute sieht, ist der einzige sichtbare Teil der zugehörigen Punktgruppe. Das den Preußen 1841 zur Vermessung dienende sogenannte Zentrum befindet sich etwa zehn Meter südöstlich vom Granitpfeiler und liegt 40 Zentimeter unter der Erde.

Adresse Am Wasserturm, ganz oben in der nordwestlichen Ecke in der Erde | **Tipp** Wer die Treppe zur Kaapdüne hinaufsteigt, der kommt meist wegen des Wahrzeichens der Insel: dem Wasserturm. Unbedingt vormittags an einem Werktag vorbeischauen: Dann kann man hoch auf die Aussichtsplattform und aus 33 Metern die Höhepunkte des Umlandes anvisieren.

24_ Das große Sandriff
Von Baltrum nach Langeoog: die Wanderung der Sandbänke

Aus feinem Sand ist über die Jahrhunderte eine dynamische Naturlandschaft aus Stränden und Dünen entstanden, die das Gesicht Langeoogs bis heute prägt. Oben in der Luft weht der feine Flugsand stets neue Landmasse herbei, und auch unten schiebt die Natur immer wieder frisches Sediment an den Strand. Denn die Gezeiten, Strömungen, Wellen und Wind meinen es gut mit Langeoog. Ein großes Sandriff liegt nordwestlich der Insel und sorgt für stetigen Nachschub.

»Der Sand von Baltrum will nach Langeoog«, so formuliert es sehr treffend Manfred Lau, der langjährige Betriebsinspektor der Insel. Aufgrund der senkrecht aufstoßenden Strömung, die durch das Seegatt zwischen den Inseln fließt, beschreibt die Sanddrift einen Bogen, wie ein Omega. »Die mittlere Reisegeschwindigkeit einer Sandbank beträgt 400 Meter im Jahr. Pro Tag bewegt sie sich über einen Meter weiter nach Osten.« Die gewaltigen Kräfte der Natur und die stetigen Veränderungen des Küstenprofils sind am Badestrand von Langeoog deutlich zu spüren.

Fast drei Meter beträgt der Unterschied zwischen Hoch- und Niedrigwasser. Wer bei einsetzender Flut nicht rechtzeitig umkehrt, der ist unversehens durch einen Priel mit starker Strömung vom Strand abgeschnitten und schafft es im schlechtesten Fall nicht mehr zurück. Immer wieder kommt es zu Rettungseinsätzen. Besonders westlich des Sportstrandes konnte es in der Vergangenheit auf einer großen Sandbank gefährlich werden. Auch am Dünenübergang »Gerk-sin-Spoor« hat sich wieder eine neue Sandbank genähert, die nur noch ein schmaler Priel vom Strand trennt.

Für die Strömungsverhältnisse und Anlandungen der Sandbänke interessiert sich besonders der Niedersächsische Landesbetrieb für Wasserwirtschaft, Küsten- und Naturschutz (NLWKN), der zunehmend mit den Kräften der Natur arbeitet. Mess- und Vergleichsdaten von oben liefert eine Drohne, die monatlich zum Kontrollflug startet.

Adresse Sandbänke an den westlichen und nordwestlichen Strandabschnitten des Hunde- und des Badestrandes | **Tipp** Wer mehr über die Zusammenhänge zwischen Sandbewegungen und Küstenschutz erfahren will, dem sei eine Ortsführung mit Betriebsinspektor a. D. Manfred Lau empfohlen, der sein Spezialwissen gern teilt. In der Saison wöchentlich Mi um 10 Uhr, Treffpunkt Info-Café.

25 Der Große Schlopp
Geteiltes Eiland: die drei Inseln von Langeoog

Langeoog ist 20 Quadratkilometer groß. Von Westen nach Osten hat die Insel eine Länge von elf Kilometern, und von Norden nach Süden eine Breite von vier Kilometern, jedenfalls am Westkopf. In der Mitte und im Osten hingegen wird es schmal. Da ist sie an manchen Stellen nur zwischen einem und zwei Kilometer breit. Eine lange, schmale Sichel, die ihr auch den Namen gab: Langeoog, die lange Insel.

Doch nicht immer zeigte sich das Eiland so geschlossen wie heute. Besonders die Sturmfluten des 18. Jahrhunderts – und hier vor allem die mit Abstand gewaltigste der Neuzeit, die Weihnachtsflut von 1717 – rissen die Insel immer wieder auseinander. Langeoog war damals zwar schon acht Kilometer lang, der lange Osten bestand aber nur aus einem wenige hundert Meter breiten Dünen- und Sandstreifen. Dieser konnte den gewaltigen Kräften und Wassermassen nicht standhalten, und die Insel brach an zwei Stellen in der Mitte durch: am »Großen Schlopp« und am »Kleinen Schlopp«.

Wie auf einer Karte von 1738 zu sehen ist, bestand Langeoog damals aus mehreren nicht zusammenhängenden Dünengruppen. Bis weit ins 19. Jahrhundert war die Insel noch dreigeteilt: der relativ lagestabile Westkopf mit dem Dorf, der Bereich um die Melkhorndüne in der Mitte und das über vier Kilometer lange Dünengebiet am Ostende. Diese Dreiteilung ist bis heute im Landschaftsbild zu erkennen. Der kleine Durchbruch hat sich bereits 1890 natürlich wieder geschlossen.

Wer heute nördlich vom »Schloppteich« mit dem Fahrrad unterwegs ist, wird bei genauem Hinsehen bemerken, dass dieses eine Piste ist, die sich einen sehr gradlinig geformten Sandrücken entlangzieht. Hierbei handelt es sich nicht, wie vielleicht vermutet, um eine natürlich gewachsene Düne, sondern um einen künstlich errichteten Damm, der 1910 den großen Wasserdurchbruch zur Nordsee schloss und die Inselteile nach fast zwei Jahrhunderten wieder vereinte.

Adresse Nationalpark Wattenmeer Langeoog, Großer und Kleiner Schlopp | **Tipp**
Wenn man direkt nach dem Deichschart links abbiegt, dann führt der Weg an dem bis zu zwölf Meter tiefen »Schloppteich« vorbei. Er ist 1971 entstanden, als dort Sand für den Küstenschutz entnommen wurde – zur Freude der Tierwelt, die ihn gern als Tränke nutzt.

26 Das Haus Bethanien
Streng geheim: das Ferienlager der jüdischen Kinder

Als 2018 eine Dame von der israelischen Botschaft das »Haus Bethanien« besuchte, hatte dies einen guten Grund. Denn in dem Gästehaus des Diakonischen Werkes, einem freikirchlichen evangelischen Gemeindeverbund, forschte sie nach dem Schicksal der »Halberstädter Juden«. Dabei handelte es sich um eine streng geheime Ferienbetreuung von jüdischen Kindern auf Langeoog Ende der 30er Jahre, die durch ein Netz von mutigen Helfern, darunter auch das »Haus Bethanien«, unterstützt wurde.

Die Kinder genossen 1938/39 sicherlich auch die frische Luft der Nordseeinsel, sie waren aber vor allem da, damit ihre jüdischen Eltern sich um eine Auswanderung ins europäische Ausland bemühen konnten. Eine »Erholungsfreizeit« aus einem ganz bitteren Anlass. Die Verbindungsleute auf Langeoog waren die Schwestern Emmy und Magda Henze. Ihr Vater arbeitete auf der Meierei am Ostende. So wandte sich Magda Henze an Erich Falke, den Besitzer des Gutes, und zog ihn ins Vertrauen. Die Gruppe aus Halberstadt kam in einer Scheune auf dem Gelände unter. Die Verpflegung für die gesamte Zeit des Aufenthalts wurde von den Schwestern im »Haus Bethanien« gestellt.

Die ganze Aktion lief unter dem Codenamen KLAUS: »*K*inder *L*ieber *AU*ßer *S*ichtweite (der Nazis)«. Denn das Heikle an dieser jüdischen Reise war, dass zur gleichen Zeit die Hitlerjugend große Zeltlager mit Hunderten von Kindern auf Langeoog machte, man überall umgeben war vom antisemitischen Geiste und auch in steter Gefahr, entdeckt zu werden. Wie viele der Halberstädter Kinder letztendlich den Holocaust überlebten, ist nicht bekannt.

Überliefert sind die Ereignisse von Edgar Kraus, dessen Mutter, Vicky Kraus-Klockemeyer, die Fahrt organisierte und leitete. Er gilt als der letzte Augenzeuge. Das »Haus Bethanien« wurde mit der selbstlosen Hilfe seinem ureigenen christlichen Auftrag gerecht: Der Name bedeutet »Haus, in dem man sich des Elends annimmt«.

Adresse Barkhausenstraße 31–33, Tel. 04972/6910, www.langeoog-bethanien.de | **Tipp** Das »Hotel Bethanien Langeoog« bietet für Ferien, Freizeiten, Feiern, Tagungen und Seminare modern ausgestattete Räume. Das VCH-Hotel ist für umwelt- und klimafreundliches Reisen ausgezeichnet.

27 Das »Haus der Insel«
Mittendrin: Zwischen Medizin, Musik und Museum

Bei Medizinern in ganz Niedersachsen ist Langeoog ein fester Begriff und eine Konstante in der Jahresplanung: Seit fast 70 Jahren veranstaltet die Ärztekammer Niedersachsen hier ihre Fortbildungswochen, ganz genau zum 68. Mal im Jahr 2020. Denn so lange gibt es schon die »Woche der Praktischen Medizin« auf Langeoog. 500 praktische Ärzte zog es 2019 wie gewohnt ins »Haus der Insel«. Das zentrale Veranstaltungsgebäude auf dem Hügel an der Kurstraße wird alljährlich zur Medizinerhochburg.

Längst haben auch andere Fachgebiete sich den »Langeooger Fortbildungswochen« angeschlossen. Den stärksten Zulauf hatte 2019 die 48. Psychotherapiewoche mit rund 600 Teilnehmern. Insgesamt zählte man mit der 17. Woche der Kinder- und Jugendpsychiatrie und Psychotherapie, der 26. Woche der Notfallmedizin und speziellen Sonografiekursen 2019 rund 1.750 sich fortbildende Ärzte und Therapeuten. Die meisten kamen aus Niedersachsen, viele aber auch aus dem Rest der Republik und dem Ausland.

Langeoog hat daher unter Ärzten eine große Fangemeinde. Auch dass das »Haus der Insel« mittlerweile ein wenig in die Jahre gekommen ist, stört nicht weiter. Hier fühlt man sich zu Hause. Es ist ein bisschen wie beim Familientreffen, wenn Langeoog im Mai förmlich überflutet wird von so viel medizinischer Fachkompetenz.

Wenn gerade keine Ärzte an diesem Ort in Sachen Fortbildung unterwegs sind, punktet das »Haus der Insel« mit dem größten Veranstaltungssaal Langeoogs und moderner Eventtechnik. Es ist auch die Heimatbühne der »Flinthörners«, des bekannten Shantychors der Insel. Viele Musik- und Unterhaltungsgrößen treten auf ihren Tourneen regelmäßig hier auf.

In dem Gebäude befinden sich zudem das Schifffahrtsmuseum und das »Mini-Langeoog« ganz aus Legosteinen. Auch gibt es hier freies WLAN sowie eine Leselounge mit Tagespresse und ganz vielen Büchern aus der Vertrauensbibliothek der Gemeinde.

Adresse Kurstraße 1, Tel. 04972/6930, www.langeoog.de | **Öffnungszeiten** Mo–Sa 10–17 Uhr | **Tipp** Draußen vor dem »Haus der Insel« steht das Museumsrettungsboot »Langeoog«, das eine schöne Ergänzung zu der Geschichte der Seenotretter darstellt, über die im Inneren des Gebäudes informiert wird.

28 Das Haus Meedland
Vom respektvollen Umgang mit einem schweren Erbe

Wer die Gartenstraße im nördlichen Ortskern entlangspaziert, der passiert eine große Tagungsstätte und Freizeitanlage der Bremischen Evangelischen Kirche: das »Haus Meedland«. Dem Passanten präsentiert sich ein Komplex mit sehr modern gestalteten Backsteinbauten. Sechs mehrstöckige Gästehäuser gruppieren sich um einen großzügigen Vorplatz. Doch das Gelände hat eine düstere Geschichte: Auf ihm befand sich unter den Nationalsozialisten seit 1940 ein Kriegsgefangenenlager.

Die Wehrmacht hatte Langeoog zu einem militärstrategisch wichtigen Stützpunkt erklärt und brauchte für dessen Ausbau dringend Arbeitskräfte. Man bediente sich der Kriegsgefangenen, die man an den Fronten gemacht hatte, zunächst der französischen und holländischen, später vor allem der sowjetischen. »Menschenmaterial«, das bis ans Ende seiner Kräfte beim Flughafenbau, der Neuanlage des Hafens und für die neuen Siedlungshäuser der Wehrangestellten schuftete. Wegen der unmenschlichen Haftbedingungen und daraus folgenden Epidemien verloren viele ihr Leben. 113 Russen wurden in einem Massengrab beim Dünenfriedhof begraben. Ihre Namen stehen auf einer Bronzetafel in der Friedhofskapelle.

Auf der Suche nach einem geeigneten Platz für Freizeiten und Sommerlager wurden 1947 dem damaligen Landesjugendpastor Werner Brölsch von den englischen Militärs die Zelte und Wirtschaftsbaracken des Gefangenenlagers auf der Insel Langeoog vorgeschlagen. Von da an kamen die Bremer Christen immer wieder – bis heute.

Das »Haus Meedland« geht sehr bewusst mit seinem schweren Erbe um. 2003 wurde das älteste Gebäude auf dem Gelände, das auch Teil des Lagers für sowjetische Kriegsgefangene war, umgebaut. Dort befindet sich heute das Forum mit seinem Tagungszentrum und einem kleinen Andachtsraum. Hier wurde auch ein Gedenkort für die umgekommenen sowjetischen Gefangenen eingerichtet, der für jeden zugänglich ist.

Adresse Gartenstraße 3–11, Tel. 04972/92220, www.kirche-bremen.de | **Tipp** Über das Gefangenenlager auf Langeoog hat die Bremische Evangelische Kirche 2005 eine Dokumentation veröffentlicht, die direkt im »Haus Meedland« oder im Langeooger Buchhandel erhältlich ist.

29 — Der Hochsitz in den Dünen

Ganz versteckt: die Schreibklause des Willrath Dreesen

Die Willrath-Dreesen-Straße ist eine der Hauptachsen Langeoogs. In weitem Rechtsbogen führt sie von der Barkhausenstraße ganz hinaus bis an das Deichschart des Seedeiches. Hinter dem Ortsausgang erheben sich links die ersten Dünen, und wenn man genau hinschaut, entdeckt man auf einer von ihnen ein kleines weißes Gebäude hinter windverwehten Kiefern. Ganz versteckt liegt es wie auch der Zugang zu ihm, ein kleiner Fußpfad, der durch Rosenhecken hinaufführt.

Hier befindet sich das private Refugium, das sich eine der prägenden Figuren Langeoogs, Willrath Dreesen, 1926 errichtet hat, nach dem sehr viel später diese Straße benannt wurde. In seiner kurzen Amtszeit als Kurdirektor und Bürgermeister, die von 1924 bis 1928 währte, hat er wichtige Meilensteine gesetzt, die bis heute ihre Wirkung entfalten. In seiner Zeit übernahm die Gemeinde den Kurbetrieb vom »Kloster Loccum« und wurde auch zum Eigner der »Reederei Esens-Bensersiel-Langeoog«. 20 Jahre später, 1948, sollte er nochmals kurz die Rolle des Kurdirektors von Langeoog übernehmen.

Willrath Dreesen war aber nicht nur ein erfolgreicher Verwaltungsfachmann, sondern auch im tiefsten Innern seines Herzens der Literatur eng verbunden. Vor seiner Amtszeit auf Langeoog war er von 1919 bis 1924 Redakteur und Mitglied der Geschäftsleitung beim Reclam-Verlag in Leipzig, hatte als junger Mann bereits mit eigenen schriftstellerischen Werken auf sich aufmerksam gemacht. Sein Hochsitz diente ihm in späteren Jahren als Schreibklause. Noch 1950 organisierte er auf der Insel eine ostfriesische Dichtertagung. Im August des gleichen Jahres starb er im Alter von 72 Jahren.

Heute fühlen sich seine Enkelinnen im Familiensitz in den Dünen zu Hause. Ihr Vater hatte den sieben Meter langen Holzbau mit dem markanten Runddach zum Feriendomizil ausgebaut, das noch eine Besonderheit aufweist: Es war das erste Fertighaus auf Langeoog.

Adresse Willrath-Dreesen-Straße 76 (Privatgelände) | **Tipp** Die Straße mit ihrem auffällig hochkant verlegten Backsteinpflaster wurde im Zweiten Weltkrieg von sowjetischen Kriegsgefangenen angelegt. Wenn man heute vom Hochsitz in den Dünen weiter Richtung Seedeich geht, sieht man bald rechts die Weide der Alpakas (siehe auch Ort 109).

30 Der höchste Gipfel
Ein Rundblick von der Melkhorndüne in der Mitte

Prägend für die Landschaft Langeoogs sind ihre zahlreichen Dünengruppen. Von ganz im Westen, der Flinthörn, bis ganz zum Osten der Insel ziehen sich die sandigen Wälle den gesamten Küstenstreifen zur offenen See entlang. Mit einer Höhe von mehr als 20 Metern gehört die Melkhorndüne in der Mitte nicht nur zu den höchsten Erhebungen der Insel, sondern ganz Ostfrieslands. Eine befestigte Bohlentreppe führt steil hinauf. Doch am Aussichtspunkt hoch oben belohnt ein wahrer Gipfelblick die Anstrengungen des Aufstiegs.

Der Blick schweift über den »Großen Schlopp« hinüber zu den Ketten der Heerenhusdünen, die sich über dem Pirolatal erheben, dann auf die andere Seite zu dem vier Kilometer langen, geschlossenen Dünenkamm über dem Dreebargen-Tal bis zum Ostende. Von der Melkhorndüne aus ist auch gut die Scheitelung der Dünen zu erkennen. Da es auf Langeoog seit 1870 keine Kaninchen mehr gibt, die beispielsweise auf Norderney eine große Plage darstellen, kommt es zu keinem Pflanzenfraß, und die Dünen zeigen nach Norden ihren grünen und nach Süden einen hellen Rücken.

Ein Aufstieg auf die Melkhorndüne lohnt sich ganz besonders im Juni. Denn direkt unterhalb brütet dann eine ganze Kolonie von Silber- und Heringsmöwen ihre Eier aus. Man kann den noch fleckigen und getupften Küken förmlich beim Schlüpfen zusehen. So nah kommt man einem solchen Naturschauspiel und Möwenkindergarten wohl nirgends sonst in ganz Deutschland.

Interessant sind auch die Dünentäler auf Langeoog. In deren feuchter Sohle tritt das süße Grundwasser oft direkt an der Oberfläche aus. Denn unter den drei zentralen Dünengruppen des Nordens befinden sich große Süßwasserlinsen, die sich nach oben leicht wölben. So ist in den Tälern ein ganz spezieller Lebensraum für zahlreiche stark gefährdete Pflanzen entstanden. In den geschützten Senken finden auch scheue Brachvögel ungestörte Brutflächen.

Adresse Nationalpark Wattenmeer Langeoog, Aussichtspunkt Melkhorndüne | **Tipp** Einen phantastischen Blick auf die gesamte fast neun Kilometer lange Dünenlandschaft im Norden hat man vom Aussichtspunkt »Tjard-sin-Utkiek«, der am Ortsausgang am Rande der Heerenhusdünen liegt (siehe auch Ort 94).

31 Die höchste Steigung
Auf geschwungener Holzbrücke über die Bahngleise

Wer auf Langeoog einen Blick von oben genießen will, kann das in aller Regel von einer Düne aus tun: sei es von der höchsten, der Melkhorndüne, oder von der Punschdüne, auf der die Strandhalle thront. Oder man steigt auf »Tjard-sin-Utkiek« und blickt über die Heerenhusdünen ins Pirolatal. Bis zu 23 Meter Höhe bieten die sandigen Aussichtspunkte. Noch höher schweift der Blick vom Wasserturm: Er selbst bringt es zwar nur auf 18 Meter, aber mit der Kaapdüne, auf der er errichtet wurde, bietet seine Plattform ganz oben eine Aussicht aus 33 Meter Höhe.

Langeoog ist nicht nur eine lange, sondern auch eine sehr flache Insel. Wenn man mit dem Fahrrad unterwegs ist, kann man sich eigentlich sicher sein, keinen Berg bewältigen zu müssen. Ganz sicher? Nein! Denn es gibt eine Stelle auf der Insel, da warnt sogar ein Schild den Verkehrsteilnehmer vor für Inselverhältnisse extremer Steigung: zwölf Prozent – auf einer Strecke von etwa zwölf Metern.

Es handelt sich hierbei um die steile Auffahrt zu einer Holzbrücke am Hafen, die sich in wohlgeformtem Bogen über die darunterliegenden Bahngleise schwingt. Sie schafft eine Querverbindung zwischen der Hafendeichstraße im Osten und der Westmole sowie dem Flinthörndeich. Sonst bliebe nur eine Fahrt mitten durch das Fährhafengelände und die Gepäckabfertigung.

So heißt es aber für alle Fahrradfahrer: absteigen. Denn die zwölf Prozent Steigung schafft man nur schwer hinaufzustrampeln, vor allem vor dem Knick ganz oben wird es eng und am Ende, wenn es wieder steil hinuntergeht, ebenfalls. Was aber auch nicht weiter schlimm ist, denn auf der Mitte der Brücke angekommen, ergeben sich ganz ungewohnte Perspektiven auf die Schienen des Kopfbahnhofs und das Hafengelände. Man blickt hinüber zur Fährbrücke, sieht manchmal die Touristenströme vom Schiff fluten und die Abfahrt der bunten Inselbahn, die dann langsam unter einem vorbeizockelt.

Adresse am Ende der Störtebekerstraße, Bahngelände am Hafen, www.langeoog.de | **Tipp** Einen Extra-Blick wert ist das nur wenige Meter von der Brücke entfernte Deichschart, das 2016 neu gebaut wurde, um besser gegen kommende Sturmfluten gewappnet zu sein. 6,35 Meter über dem Meeresspiegel ist es hoch und besitzt zur Sicherheit gleich zwei verschließbare Stemmtorpaare. Mit der Inselbahn fährt man direkt durch sie hindurch.

32 Die Holzbank von Jo

Ausruhen gilt doch! Die Insel zum Sitzen

Wer auf der Höhenpromenade fast schon am östlichen Ende angelangt ist, die »Düne 13« bereits passiert hat und auf Holzbohlen weitergeht, freut sich bestimmt auf die Bänke, die dort zum Ausruhen einladen, und nimmt vielleicht Platz auf »Jo's Bank«. So steht es jedenfalls auf dem Messingschild geschrieben, das die einladende Sitzgelegenheit ziert. »*Who the hell is Jo?*«, fragt sich da vielleicht der ein oder andere, wer ist eigentlich dieser Jo?

Ganz genau weiß das nur Susanne Wittenberg vom Tourismus-Service. Und die behält das Geheimnis natürlich für sich, wer genau die privaten Auftraggeber sind, die bei dieser sehr erfindungs- und erfolgreichen Geschäftsidee der Gemeinde zugreifen. Denn wer möchte, kann persönlicher Pate einer Holzbank auf Langeoog werden. Für fünf Jahre à 600 Euro ist eine solche Patenschaft zu haben.

Im Schnitt wurden laut dem Tourismusmanagement in der Vergangenheit 40 Bänke pro Jahr bestellt. Seit Einführung des Patenschaftsmodells wurden insgesamt rund 200 neue Bänke auf Langeoog montiert. Gefertigt werden die Bänke im Winter vom Strandkorb-Team der Insel. Der Standort für die ganz persönliche Bank ist nur bedingt frei wählbar. Denn im Vordergrund steht für die Gemeinde der Austausch der alten Bänke, die noch aus Plastik und mit Betonfuß gefertigt waren. Für die neueste Bank-Generation verwendet man acetyliertes Holz, das besonders haltbar und nachhaltig ist. Die Planken sind auf elegant geschwungene Stahlgestelle montiert.

Die Bankpatenschaften von Langeoog sind äußerst beliebt. Im Juni sind manchmal nur noch ein paar Restbänke zu buchen. Eine Win-win-Situation für alle: Die Gemeinde kommt so in den Besitz neuer, hochwertiger Bänke, die das Angebot an schönen Sitzgelegenheiten bereichern, und für die Paten ist die eigene Bank eine ganz persönliche Erinnerung an ihre Lieblingsinsel oder einen Lieblingsmenschen.

Adresse Tourismus-Service Langeoog, Hauptstraße 28, Tel. 04972/693115, www.langeoog.de | **Tipp** Schön ist auch ein Ausflug zum Ausguck direkt an der Strandhalle auf der Höhenpromenade. Hier stehen besonders viele Holzbänke mit Patenschaften, kann man von diesem Punkt doch einen einmaligen Panoramablick über Dünen und Meer genießen.

33 Das Hospiz Kloster Loccum

Mit der Kirche ging der Tourismus so richtig los

Der Badebetrieb auf Langeoog wurde lange Zeit von der evangelischen Kirche geführt. Mit ihr fing im Grunde der Tourismus auf der Insel auch erst so richtig an. Das niedersächsische Kloster Loccum, eine ehemalige Abtei der Zisterzienser, wollte ein Gästehaus auf einer ostfriesischen Insel errichten und entschied sich 1882 für Langeoog als den geeigneten Standort. Man erwarb ein vier Hektar großes Grundstück östlich des Dorfes in der Nähe der Dünen und begann mit dem Bau eines Gebäudekomplexes mit 50 Zimmern für 80 Personen.

Im Juni 1885 öffnete das »Hospiz Kloster Loccum« auf Langeoog seine Pforten. Es sollte in erster Linie evangelischen Geistlichen, Lehrern und Beamten dienen. Damit verfolgte die Kirche den damals schon recht modernen Gedanken, sich vorbeugend um das Wohlergehen der Mitarbeiter zu kümmern. Körper, Geist und Seele sollten in diesem Gästehaus an der Nordsee zur Ruhe kommen.

Das Kloster Loccum führte nicht nur das eigene Hospiz, sondern übernahm am 1. Oktober 1884 mit ihrem Kurator Friedrich Wilhelm Barkhausen gleich die gesamte Leitung der Langeooger Badeanstalt. Die Promeniermeile des Ortes wurde später nach ihm benannt. Sie endet noch immer am Kirchenhotel, hieß damals aber Hospizstraße.

Mehr als 40 Jahre stand der Tourismus auf Langeoog unter kirchlicher Regie, bis die Gemeinde 1927 den Badebetrieb wieder in die eigene Hand nahm. Die vorwiegend kirchlich gebundenen Besucher trugen auch zum Erscheinungsbild eines soliden Seebads des gebildeten Mittelstands mit strengen Moralvorschriften bei, in dem lange strikte Bekleidungsregeln und Geschlechtertrennung galten.

Das alte Hospiz gibt es bis heute, allerdings nicht mehr als Erholungsort für Kirchenbedienstete, sondern für Urlaub mit Kindern. Es trägt heute den Namen »Familienferienstätte Haus Kloster Loccum«.

Adresse Am Hospizplatz 8–14, Tel. 04972/805, www.loccumerhaus.de | **Tipp** Wenige Meter östlich vom Hospizplatz befindet sich ein kleiner Teich, der Eisteich. Aus ihm hat man früher im Winter Eis gestochen und dieses im Keller des Hospizes für die wärmere Zeit zur Kühlung gelagert.

34 Im Reich der Ranches
Der »Takkenknieper« und sein großer Kleingarten

Klein kann man das wirklich nicht mehr nennen: Geht man ganz im Westen immer entlang der Straße Am Wald über die Bitumenplatten des alten Flughafens, reiht sich plötzlich ein traumhaft schönes Gartengrundstück an das andere. Sie gehören alle zum Kleingartenverein der Insel und sind zum Teil 1.000 Quadratmeter groß. 75 Parzellen insgesamt zählt der Verein. 52 sind ganz normale Gärten. Aber bei 23 handelt es sich um riesige »Ranches«, die das Herz noch jeden Hobbygärtners höherschlagen lassen.

Eine davon ist das Paradies von Sepp Enenkel und seiner Frau Heidi, dem »Takkenknieper und sin Froo«. Sofort zu erkennen an den vielen Gartenscheren, die als Schmuck den Eingang zieren. Seit gut zehn Jahren ist diese Ranch ihr Reich. Viel Arbeit und Geld haben sie in den anfangs verwilderten Garten gesteckt, herausgekommen ist über die Jahre ein wahres Schmuckstück.

Platz ist jedenfalls genug da: für einen großen Nutzgarten mit Kartoffeln, Tomaten, Gurken und Kohlrabi, inklusive zweier Gewächshäuser, in denen alles bestens gedeiht. Auch vier Hühner und ein Hahn haben hier ein glückliches Leben im Freigelände im hinteren Teil des Gartens. Im Zentrum steht ein Holzhaus mit viel Platz drinnen und einer großen Terrasse draußen. Davor liegt ein lieblicher Seerosenteich mit jeder Menge Goldfischen. Alles umrankt von prachtvoll Blühendem, wie etwa der rosafarbenen »Leonardo da Vinci«, einer sehr lange blühenden Rose. Sepp Enenkel ist gelernter Gärtner und weiß genau Bescheid über die Flora in seinem Idyll.

Ruhe, das ist es, was er vor allem an seinem Refugium direkt hinter den Dünen des Weststrandes liebt. Hier bin ich Mensch, hier kann ich sein. Diese Geisteshaltung strahlen alle Ranches aus. Jeder kann hier seine Freiheit und Individualität leben und zeigt das auch gern. Bei Sepp Enenkel ist es seine Leidenschaft für Schalke 04, für den er weithin sichtbar brennt.

Adresse Am Wald | **Tipp** Während sich hier hinter den Toren die Individualisten, Künstlerseelen und Gärtnerfreaks der Insel austoben, gibt es anderswo sehr schöne Parkanlagen, wie etwa das lauschige Plätzchen an der Ecke gegenüber der »Buchhandlung Inge Krebs«, das mit seinen Buchsbaum-Rabatten und Bänken zur Rast förmlich einlädt.

35 Im Strandkorb
Typisch deutsch: eine Liebesgeschichte bis heute

Ein Ort der Geborgenheit und des Schutzes ist er. Und eine typisch deutsche Leidenschaft: der Strandkorb. Für den Begriff gibt es keine Übersetzung in andere Sprachen. Im Englischen und Französischen benutzt man das deutsche Wort. Wobei an Küsten mit ähnlich windigen Wetterbedingungen, wie denen von England, Dänemark oder Polen, der Strandkorb nur selten zum Einsatz kommt. Dagegen sind die bunten Flechtkörbe fester Bestandteil der Strandkultur an der deutschen Ost- und Nordsee, ganz besonders präsent auf den Ostfriesischen Inseln. Wenn die Saison beginnt, werden sie selbstverständlich auch auf Langeoog herausgeholt und über die langen Badestrände mit dem weißen Sand verteilt.

Strandkörbe waren in den frühen Zeiten des Bädertourismus allerdings nicht zum Sonnenbaden gedacht. Man nahm in ihnen angezogen Platz. 1892 waren laut dem ersten Reiseführer der Insel, verfasst von H. J. Tongers, rund 40 Strandkörbe auf dem »neutralen Strand« aufgestellt, der damals der Mittelpunkt des geselligen Strandlebens war. Sie wurden wochenweise vermietet. Zur Reservierung musste man noch in die damalige Warmbadeanstalt gehen.

Heute wendet sich der Badegast an das Personal in einem der Service-Container am West-, Haupt- oder Oststrand, um sich einen Strandkorb zu mieten. Auch die Zahl der Strandkörbe hat ein wenig zugenommen im Laufe der Zeit: Für die Saison 2019 wurden vom Strand-Serviceteam insgesamt 1.560 Körbe aufgestellt, die man den Winter über in der großen Halle hinter der katholischen Kirche wieder strandfein gemacht hatte.

Auch der vermutlich teuerste Strandkorb der Welt stammt von der Insel, wie Tourismus-Manager Thomas Pree zu berichten weiß. Die Trainerbank von Volker Finke beim Fußballclub SC Freiburg war über viele Jahre ein Strandkorb aus Langeoog. Als er den Verein verließ, wurde dieser für einen guten Zweck für 33.000 Euro versteigert.

Adresse Strandkorbreservierung: Service-Container am West-, Haupt- und Oststrand, Vorbestellung zusammen mit der LangeoogCard: Tel. 04972/693266, www.langeoog.de |
Tipp Neben dem Strandkorb gehört natürlich noch eine ordentliche Sandburg zum perfekten Heim am Nordseestrand. Nicht nur für Kinder ist das ein Riesenspaß, und ein bisschen Bewegung kann an einem faulen Strandtag ja auch nicht schaden.

36 Die Inselbahn
Auf schmaler Spur mit großer Vergangenheit

Eine besondere Spezialität Ostfrieslands sind die Inselbahnen. Sie wurden gegen Ende des 19. Jahrhunderts eingeführt. Die Schmalspurlinien besaßen in aller Regel keinen Anschluss an das reguläre Eisenbahnnetz, waren aber extrem wichtig für die wirtschaftliche und touristische Entwicklung der bis dahin zumeist bitterarmen Eilande. Langeoog gehört neben Borkum und Wangerooge heute zu den einzigen Ostfriesischen Inseln, auf denen noch eine Schmalspurbahn im Linienverkehr unterwegs ist.

Mehrmals täglich zuckeln die bunten, technisch und optisch perfekt gepflegten Züge durch die Salzwiesen und bringen Hunderttausende von Menschen jedes Jahr vom Fährhafen ins Dorf. Die Langeooger Inselbahn ist der sympathische Entschleuniger bei der Ankunft, stimmt auf charmante Weise auf das langsamere Inseltempo ein – wie gemacht für uns stress- und zeitgeplagte Existenzen und daher auch nicht nur bei Kindern ausgesprochen beliebt.

Die Inselbahn begann ihre lange Karriere einst als Pferdebahn – denn der Sprung auf die Schiene vollzog sich zu Beginn über das Pferd. Lange bevor Dampf- und später Dieselloks die Bahnwaggons zogen, spannte man Vierbeiner vors Gefährt und beförderte so Mensch und Fracht über die Gleise. Im Juni 1901 nahm Langeoog seine neue, 3,5 Kilometer lange Pferdebahn in Betrieb. Sie führte von der Reede, die viel weiter nordöstlich lag als der heutige Hafen, auf Schienen in die Ortsmitte und von dort weiter bis zur Endstation am Hospiz. Auf dem Weg machte sie halt an den großen Hotels.

Die »Fahrkartenausgabe« und »Bahnamtliche Auskunftsstelle« sowie eine Gepäckhalle waren im heutigen Rathausgebäude untergebracht. Auch die beliebten Austrittsplattformen der Zugwaggons, auf denen man sich heute so schön den Wind um die Nase wehen lassen kann, haben ihren gestalterischen Ursprung in der Pferdebahnhistorie. Man kann gut erkennen, dass sie damals für den Lenker vorgesehen waren, der hier die Zügel der Pferde in den Händen hielt.

Adresse Hauptstraße 1, Tel. 04972/6930, www.langeoog.de | **Tipp** Die Inselbahn kann man kostenlos jederzeit für Fahrten in den Süden der Insel nutzen. Auch für Tagesgäste geeignet: einfach ein bisschen früher zurück in den Hafen und die entspannte Atmosphäre dort genießen bei einem Tee oder Prosecco mit Blick auf die Segelboote im Yachthafen.

37 __ Das Inseltaxi
Anruf genügt: einmal schnell übers Wattenmeer

Sein Taxistand ist der Hafen von Langeoog. Und auch sonst gilt wie beim automobilen Vorbild: Anruf genügt. Rund um die Uhr steht das Inseltaxi bereit, um sofort loszufahren über das Wattenmeer. Ein Service, den schon viele zu schätzen wussten. Wer verlassen am frühen Abend am Fährableger von Bensersiel steht, weil das letzte Schiff nach Langeoog schon weg ist, für den ist das kleine Motorboot die letzte Rettung. Das Chartern des Bootes ist natürlich teurer als die eben verpasste Fähre, aber der Preis ist dennoch zivil. Und dafür wird einem vor allem das atemberaubende Erlebnis geboten, mit bis zu 36 Knoten über die Wellen zu reiten. Schade eigentlich, dass es so schnell vorbei ist. Denn die Überfahrt mit dem Inseltaxi dauert nur 10 bis 15 Minuten, und schon ist man auf dem Eiland in der Nordsee.

Hinter dem Inseltaxi steht Bernd Tellmann. Der Kapitän hat für den Beförderungsdienst zwei Boote im Langeooger Hafen liegen: das Speedboot »Carat« und für Transporte größerer Gruppen von bis zu 15 Personen die Motoryacht »Melanie«. Sein Service ist eine Ergänzung zum laufenden Fährbetrieb der Inselgemeinde und immer dann am Zug, wenn ein individueller Transport außerhalb der regulären Betriebszeiten nötig ist oder gewünscht wird.

Manchmal sind es medizinische Notfälle, für die sein Wassertaxi notwendig wird – bei Mensch wie Tier. Meist geht es dann zu Spezialisten oder in Krankenhäuser auf dem Festland. Auch bei plötzlichen Trauerfällen war er schon mit seinem schnellen Boot zur Stelle.

Ganz neu ist der Zahnarzt-Shuttle: Bei diesem Service transportiert das Inseltaxi Patienten von Baltrum und Spiekeroog nach Langeoog in die Zahnarztpraxis von Dr. Gabriele Hübener. Beide Inseln haben keinen eigenen Zahnarzt vor Ort. Rechtzeitig vor Einsetzen der Ebbe kommen alle wieder zurück, dafür reicht die Zeit von drei Stunden vor und drei nach Hochwasser.

Adresse Hafendeichstraße, Tel. 0171/9035227, info@inseltaxi.com | **Tipp** Ein Taxi gibt es auf Langeoog nur zu Wasser. Wenn man von Kutschfahrten mal absieht, gibt es an Land Transportdienste nur für Gepäck. Für den spontanen Transport empfehlen sich Anrufe beim Paket- und Transportdienst Robin Kuper (Tel. 0157/52424794) oder dem Gepäckdienst Heyken (Tel. 04972/6060).

38 Jonnys Straat
Auch Langeoog hat seinen Fritz Walter

Direkt beim Flughafen liegt der Sportplatz des TSV Langeoog. Hier gab es eigentlich schon immer einen Rasenplatz für Fußball. Der war in den Nachkriegsjahren jedoch noch sehr viel schlichter gehalten, nicht mehr als eine Wiese mit viereckigen Toren aus Holz. Eine Tribüne gab es auch noch nicht, dafür aber drei junge Männer, die 1956 die Fußballabteilung des Vereins neu gründeten. Einer von ihnen, Jan-Gerd alias Jonny Vestering, sollte Geschichte schreiben.

Viel zu erzählen hat er auf jeden Fall. Wie er 1959 den Übungsleiterschein machte in der DFB-Zentrale in Barsinghausen bei Hannover. Wie sie dort 1977 Spalier standen am Sarg des verstorbenen Sepp Herberger. Oder wie die Mannschaft einmal mit dem Schiff vor dem Festland feststeckte und man Kilometer durch den Schlick waten musste, bevor das Fußballspiel losgehen konnte. Das Besondere einer Inselmannschaft – Jonny Vestering hat dieses als Trainer und Spieler in all seinen Facetten erlebt.

16 Jahre lang reiste der SC Freiburg, Heimatverein des Nationaltrainers Jogi Löw, zum Trainingslager auf die Insel. Auch der 1. FC Köln hat hier einmal seine Zelte aufgeschlagen. Jonny Vestering war immer dabei, hinter und vor den Kulissen und eigentlich überall. Noch jeder, der Fußball gespielt hat auf Langeoog, ist durch die Trainerschule von Jonny gegangen.

Als Spieler hat er im Laufe der Jahre auf fast allen Positionen gestanden, meistens war er Stürmer. 50 Tore in einer Saison, das ist sein persönlicher Rekord. 50 Jahre alt wurde er, als man ihm zu Ehren das Stadion auf seinen Namen taufte. Wie Fritz Walter. Ab sofort trug der geliebte Rasenplatz seinen Namen: Jonny-Vestering-Stadion.

In großen Lettern hing sein Name seit 1987 für jedermann sichtbar vom Dach der Tribüne. Doch ein Sturm fegte alles dahin, das Dach stürzte ein. Eine Straße ehrt aber bis heute die Langeooger Fußballikone: Jonnys Straat am Fußballplatz.

Adresse Jonnys Straat am Sportplatz des TSV Langeoog beim Flughafen | **Tipp** Wer die Fußball-Legende Langeoogs persönlich kennenlernen will, der muss nur zum Wasserturm gehen. Denn Jonny wurde vom »Stürmer zum Türmer« und erklimmt auch mit über 80 Jahren locker die Treppen des Wahrzeichens (siehe auch Ort 104).

39 — Die Kajüte am Hafen
Prickelnder Wildrosen-Prosecco aus frischer Ernte

Wer dem großen Rummel entkommen will, der Langeoog zur Hauptsaison unweigerlich erfasst, der sollte sich einfach mal wieder dahin wenden, wo er angekommen ist: zum Hafen. Denn den verlässt man in aller Regel schnell nach der Ankunft mit der Fähre und besteigt sofort die Inselbahn. Den Hafen von Langeoog entdeckt man meist erst auf den zweiten Blick. Und der lohnt sich. Allein schon wegen der »Kajüte am Hafen«. In diesem schmucken Backsteinhaus, zentral gelegen am Hafendeich, kann man ganz köstlich speisen.

Doch das Besondere des Restaurants ist sein einmaliger Blick auf das muntere Treiben im Hafen. Die Kajüte liegt genau oberhalb des Yachthafens und weiß diesen Standortvorteil zu nutzen. Auf der großen, windgeschützten Außenterrasse schweift der Blick weit über das Hafenrund: von den weißen Inselfähren zum Schnellboot der Seenotretter, von flatternden Segeln zu einer schnittigen Motoryacht. Hier spürt man das Maritime hautnah und kann es sich dabei äußerst gut gehen lassen. Seit 15 Jahren betreibt das Ehepaar Eden das Lokal, in dem Seekarten der Ostfriesischen Inseln die Tische zieren, amtlich genehmigt vom Bundesamt für Seeschifffahrt und Hydrographie.

Im Licht der späten Sonne versammelt man sich gern zum »Moonupper« auf den Bänken vor der Kajüte. Ganz stilecht, saisonal und überaus regional empfiehlt sich dazu ein Wildrosen-Prosecco. Frischer geht es kaum, denn die Zutat kommt direkt von den hohen Rosenhecken des Lokals. 16 Hände voller Rosenblüten braucht Pächter Thomas Eden für jeden neuen Ansatz, der drei Tage ziehen muss, um das volle Rosenaroma zu tanken. Den Gast erreicht am Ende ein zartrosé schimmerndes Getränk, eisgekühlt, mit einem sehr delikaten Geschmack. Die ostfriesische Rosenalternative zum bekannten Hugo ist ein Muss, eine coole ostfriesische Spezialität. Wer sich den gewohnten Hugo-Klassiker wünscht, bestellt hier einen Fleddern-Prosecco. Denn Holunder heißt auf Plattdeutsch Fleddern.

Adresse Hafendeichstraße 9, Tel. 04972/1748, www.langeoog-restaurant.de | **Tipp** Vor allen Dingen die Gambas aus der Pfanne, immerhin ein Kilo für zwei Personen, sind ein Gedicht und allein schon eine Fahrradfahrt oder einen Spaziergang in den Süden der Insel zum Yachthafen wert.

40 _ Der Kiosk am Bahnhof
Einfach gut: die erste und letzte Anlaufstelle

Das ist nicht irgendein Kiosk. Das ist eine Institution. Seit Generationen versorgen sich Feriengäste noch schnell am »Bahnhofskiosk« von Langeoog, bevor es losgeht mit der Inselbahn, weiter mit der Fähre und zurück aufs Festland. Noch schnell das letzte Fischbrötchen gekauft, noch eben einen heißen Coffee to go erstanden, noch kurz ein Eis geschleckt, bevor man endgültig Abschied nimmt. Andere sind schon ein bisschen früher da, trinken noch in Ruhe ein letztes Bier, essen gemütlich eine Bratwurst.

Gegenüber sammeln sich die Mengen mit ihren Trolleys, rollen die Gepäckstücke über den Bahnhofsvorplatz auf den Bahnsteig. Die Stimme des Bahnhofsvorstehers erklingt von fern aus dem Lautsprecher, gibt letzte Hinweise für die Weiterreise vom Festlandhafen Bensersiel, dann sind auch die letzten Gäste eingestiegen, die bunte Inselbahn fährt ab, und es ist wieder ganz ruhig und still.

Im Takt der ankommenden und abfahrenden Züge läuft hier das meiste Geschäft. Doch nicht wenige finden den Weg auch einfach so zum Kiosk am Bahnhof, der bekannt dafür ist, dass hier die Brötchen nach Bestellung erst frisch geschmiert werden und noch ein kleines bisschen besser schmecken als bei mancher Konkurrenz.

Der Bahnhofsverkauf besitzt zudem einen windgeschützten Außenbereich mit Sitzplätzen. Dafür ist Stefanie Wiek verantwortlich, die den Kiosk, seit 2007 in Familienhand, mit frischem Elan betreibt. In der Hochsaison wird sie oft unterstützt von ihrer Mutter – denn dann herrscht hier die Rushhour der Ankunft und Abreise.

Am »Bahnhofskiosk« gibt es letzte Langeoog-Souvenirs, vom Schlüsselanhänger über Flaschenöffner bis zu Dekomagneten. Hier gibt es viel an Lesbarem. Hier gibt es viel an Trinkbarem. Hier gibt es vor allem viel an Naschbarem: Lollys, Gummibärchen, Gummi zum Kauen mit »Bubbles«, saure Drops und bunte Bonbons. Ein Paradies für Kinder und eine süße Ferienerinnerung fürs Leben.

Adresse Hauptstraße 1, Tel. 04972/990644 | **Öffnungszeiten** täglich 8–17.30 Uhr (Saison) | **Tipp** An diesem Ort stand einst das Logierhaus Nummer 36. Dort soll 1830 vom Esenser Amtsrichter Albert Wilhelm von Vangerow das Nordseebad Langeoog gegründet worden sein. Mehr Infos dazu hat das Heimatmuseum im »Seemannshus«.

41 Die Kirchenskulptur
St. Nikolaus: die expressive Architekturperle

Dieses Gebäude fällt sofort ins Auge: Wie eine monumentale Skulptur erhebt sich die katholische Kirche von Langeoog aus der weiten Dünenlandschaft im Westen der Insel. Der Bau von St. Nikolaus ist einem himmelwärts strebenden Schiffsbug nachempfunden. Der Vordersteven dieses »Himmelsschiffes« ist der Turm. Das sich bis weit nach unten über die runden Außenmauern wölbende Kupferdach bildet den vorderen Schiffsrumpf.

Dieser außergewöhnliche Entwurf eines Sakralbaus wurde von einer Frau geschaffen, was in den frühen 1960er Jahren eine mindestens ebenso große Seltenheit war wie eine solch ausgefallene Kirche. Lucy Hillebrand hieß die Architektin, die 1927 mit 21 Jahren als jüngstes Mitglied in den Deutschen Werkbund aufgenommen wurde. In den Nachkriegsjahren plante sie eine Fülle von pädagogischen Gebäuden – wie etwa auch die Inselschule auf Langeoog mit ihrer markanten Y-Form. In ihrer späten Schaffensphase entwarf sie für die EXPO 2000 in Hannover die »Stadt des Diogenes«.

Welch hochkarätige Architekturperle sie auf ihrer Insel haben, das war den meisten Langeoogern lange Zeit nicht bewusst. Besonders der als durchlässige Scheibe gestaltete Turm mit seiner schwungvollen Nordseite lud zu manchem Spitznamen ein: »Möwenrutsche«, so nannten ihn die Internatsschüler. Gegen den Himmel betrachtet, bildet er ein monumentales A, wie Alpha. Der Querbalken sollte die ursprünglich geplanten Glocken aufnehmen. Die Kreisform der Außenmauer zu Ende gezogen würde der Grundriss ein Omega ergeben. Anfang und Ende, die göttliche Symbolik – transformiert in sprechende Architektur, die 1964 feierlich eingeweiht wurde.

Der Sakralbau war ursprünglich zweigeteilt: Die Winterkirche war viel kleiner. Öffnete man jedoch die Schiebetüren einer Fensterfront, vergrößerte sich der Raum, und man hatte die Sommerkirche, die zur Dünenlandschaft hin offen war und nur ein Dach hatte. Die einstige Trennwand ist heute das große Panoramafenster zum Kirchpad.

Adresse Strandjepad 1, Tel. 04972/430 | **Öffnungszeiten** täglich 8–20 Uhr | **Tipp** Das Gebäude wurde 2002 grundlegend renoviert. Wer mehr über die spannende Geschichte dieses außergewöhnlichen Sakralbaus erfahren möchte, sollte eine der angebotenen Kirchenführungen nicht verpassen (Veranstaltungstermine: seelsorge-am-meer.de).

42 Die Kitesurfschule
Zum Abheben: perfekte Kulisse für einen Trendsport

Auf den richtigen Wind kommt es an bei den Kitesurfern von Langeoog, die am Weststrand ein traumhaft schönes Sommerrevier für ihren faszinierenden Sport gefunden haben. Bläst er aus Süd, Südwest, West, Nordwest, Nord und Nordost, kann man sich mit Board und Kite jederzeit in die Fluten wagen. Südost und Ost sind nicht so gute Windrichtungen: Sie sind ablandig und bei Flut nicht ganz ungefährlich, da dann die vorgelagerten Sandbänke nicht zum Auffangen dienen können wie bei Ebbe.

Doch das ist eine eher seltene Wetterlage in der Kitezone zwischen den Dünenübergängen »Hunpad« und »Kinderkur«. Sie ist genau abgesteckt und insgesamt 130 Hektar groß. Nur innerhalb dieses markierten Areals ist das Kitesurfen erlaubt. An der Kitesurfschule »PROBOARDER« ist der beste Punkt zum Starten und Landen. Der bunt bemalte Hochsitz direkt hinter den Westdünen ist nicht zu verfehlen.

Doch nicht nur Stärke und Richtung des Windes sind entscheidend beim Kitesurfen. Auch auf das Körpergewicht kommt es an. Im Prinzip ist das Windsurfen mit Drachen für jedermann erlernbar, aber ein Mindestgewicht von 35 bis 40 Kilogramm ist erforderlich, um vom Wind nicht komplett in die Lüfte getragen zu werden. Daher ist der Sport für Kinder unter zwölf Jahren nicht zu empfehlen. So stellt das Team um Firmenchef Michael Stanglmeier und Stationsleiter Felix Klöpfer die Gruppen für die Anfänger- und Fortgeschrittenenkurse, neben dem Können und den Vorkenntnissen der Schüler, auch nach deren Gewicht zusammen. Denn Board und Kite müssen auf Mensch und Windverhältnisse genau abgestimmt sein.

Bevor es jedoch in die Brandung der Nordsee geht, gilt es für alle Schüler zwei wichtige Kursetappen zu meistern: die Vorbereitung des Drachens und der Leinen zu lernen sowie sich in der Kunst zu üben, den Kite in der Luft zu halten und zu lenken. Ist das geschafft, kann der große Spaß mit Wind und Wellen beginnen.

Adresse Am Weststrand, Tel. 0171/6776688, www.kiteboarding-langeoog.eu | **Öffnungszeiten** Kurstermine werden nach persönlicher Anmeldung und Gruppeneinteilung vergeben | **Tipp** Beliebt ist am Weststrand auch das »Stand-up-paddling«, kurz »SUP« genannt. Das lässt sich ganz vorzüglich im Priel üben, der während Ebbe zwischen der großen Sandbank und dem Strand entsteht.

43 Die Klinik direkt am Meer
Die große Entspannung: Kuren für Mütter und Väter

Eine Insel der Kinder, eine Insel voller Kinder, eine Insel, auf der Kinder die einzigen Feriengäste waren – das war Langeoog auch einmal. Denn die britische Militärregierung, die nach dem Ende des Zweiten Weltkriegs das Sagen auf der Insel hatte, fand, dass die Deutschen »arbeiten und nicht in Urlaub fahren« sollten, jedenfalls die Erwachsenen. Unterstützung fand aber die Idee des damaligen Langeooger Gemeindedirektors, »sommerliche Kinder-Erholungskuren« auf der Insel anzubieten. Das Deutsche Rote Kreuz, der Caritas-Verband, die Innere Mission und die Arbeiterwohlfahrt (AWO) machten mit, und im Mai 1946 trafen die ersten Kinder auf der Insel ein, eine Premiere für Deutschland.

Es muss auf Langeoog von Kindern nur so gewimmelt haben in jenen frühen Nachkriegsjahren. Jeden Monat, auch im Winter, kamen über 900 Kinder aus dem ganzen Land zu den Kinderfreizeiten, die sie aus der Not der zerbombten Städte befreien und ihnen wieder Kraft geben sollten. Das ist der historische Boden, auf dem die vielen auch heute noch sehr präsenten Kinderkliniken der Insel gründen.

So etwa die »AWO LangeoogKlinik«. Ein Ort auf Langeoog, der immer noch fest in der Hand von Kindern ist. Eigentlich handelt es sich um zwei Orte, denn die Klinik am Süderdünenring verfügt über zwei Häuser: am einen Ende beim Reitplatz das »Ostwind« für 40 Familien und am anderen Ende das »Westwind« mit 39 Familienapartments direkt beim Weststrand. Damals wie heute gilt für die Gäste: Kraft tanken, eine Auszeit vom Alltag nehmen, die Nordsee und das Inselklima für die eigenen Energiereserven nutzen.

Doch heute haben auch die Eltern etwas davon. Es gibt keine Kinderverschickung mehr, sondern »Quality Time« für die ganze Familie. Es steht die Gesundheit der Erziehungspersonen im Blickpunkt, auch die von Vätern. Die Klinik auf Langeoog gehört zu den wenigen, die auch Vater-Kind-Kuren anbieten.

Adresse Süderdünenring 10–14, Tel. 04972/916691, www.langeoogklinik.de |
Tipp Der Spielplatz der AWO Klinik »Westwind« war der erste als barrierefrei zertifizierte Deutschlands. Er ermöglicht behinderten und nicht behinderten Kindern das gemeinsame Spielen. Das Areal liegt am Ende des Süderdünenrings vor dem Dünenaufgang zum Strand.

44 Die Königsetappe
Watt'n Schlick oder zu Fuß zur Insel

Langeoog liegt mitten im UNESCO-Weltnaturerbe, mitten im riesigen Nationalpark Wattenmeer: eine amphibische Landschaft, deren Wassermassen im ewigen Rhythmus von Ebbe und Flut durch enge Seegatts zwischen den Ostfriesischen Inseln hinaus in die Nordsee und wieder hinein ins Wattenmeer strömen. Gewaltige kosmische Kräfte sind hier am Wirken. Die Anziehungskraft des Mondes kann man besonders stark bei einer Wattwanderung zu einer Insel spüren. Wenn die Wasserstrecke – über die man eben noch mit der Fähre fuhr – plötzlich als silbern glitzernde Ebene vor einem liegt und zu Fuß passierbar ist.

Im Fall von Langeoog ist das jedoch nicht ganz so einfach. Während das benachbarte Baltrum als *die* Wattwanderinsel der Region gilt und auch für nicht ganz so sportliche Naturen geeignet ist, sieht die Lage hier etwas anders aus: Es gibt nur wenige Wattführer, die diese anspruchsvolle Strecke beherrschen und anbieten.

Einer von ihnen ist Joke Pouliart, Inhaber des »Wattwanderzentrums Ostfriesland« in Harlesiel. Der frühere Langeooger hat die Tour an ausgewählten Tagen im Jahr im Programm. »Zu Fuß nach Langeoog« heißt sie. »Ausdauer (!!!) ist Grundvoraussetzung«, und das nicht ohne Grund. Sie ist die Königsetappe unter den Wattwanderungen Ostfrieslands.

Gestartet wird immer in Neuharlingersiel. Das heißt, von Langeoog aus beginnt diese Wanderung mit dem Übersetzen ans Festland und einer kurzen Busfahrt zum Startpunkt. Dann geht es los. Dreieinhalb Stunden dauert der Marsch durch das Wattenmeer. Das ist nicht irgendein Watt, sondern von Anfang bis Ende kräftezehrender Schlick, in den man sehr tief einsinken kann. Es geht vorbei an großen Austernbänken, durch das Wasser tiefer Priele, bis man mit der Flut ganz am Ostende Langeoogs ankommt. Ein einmaliges Naturerlebnis, besonders schön zum Sonnenuntergang. Wattwanderers High – und nur noch neun Kilometer zurück in den Ort.

Adresse Wattwanderzentrum Ostfriesland, Naturerlebnis Langeoog, Tel. 0173/9978231, www.waddensea.travel | **Tipp** Wer es etwas weniger sportlich mag, kann eine der vielen anderen Wattenmeer-Touren unternehmen, etwa für Familien mit Kindern oder Naturkundeführungen zur Tier- und Pflanzenwelt.

45 Der Laden eines Pioniers
Seltene Museumsstücke im »Bernstein Huus«

Wenn Siegfried von Esmarch vom Bernstein spricht, dann leuchten seine Augen auch heute noch. Es ist eine Leidenschaft, die ihn als jungen Mann in den Bann gezogen und nie mehr losgelassen hat. Seit fast 35 Jahren beschäftigt er sich mit dem fossilen, goldbraun glänzenden Harz, das seit Jahrhunderten die Menschen fasziniert. Auf Langeoog unterhält er eine von mehreren Filialen, die er unter dem Label »Bernstein Huus« erfolgreich an der Küste führt. Bekannt ist er jedoch für sein Bernsteinmuseum, das zu den drei ältesten in Deutschland gehört und das erste an der Nordsee war. Das Museum befindet sich zwar auf dem Festland, in Esens, aber ein paar Lieblingsstücke kann man auch immer in seinem Langeooger Geschäft bewundern.

Eine wahre Schatzkammer mit unzähligen Bernsteinfunden und Ausstellungsobjekten aus der ganzen Welt ist in seinem Besitz. Es gibt anscheinend nichts, was es nicht auch aus Bernstein gäbe: Kugelschreiber, Uhren, Untersetzer, Dosen, Kästchen, Auto-Schalthebel, Bierkrüge, Schnapsgläser, Schatullen jeder Art und Größe, Tierfiguren, Schalen, Löffel, Tischaufsätze, Broschen oder Brieföffner. Auch Rauchern bleibt kein Wunsch unerfüllt: Pfeifen, Zigarrenmundstücke, komplette Rauchsets oder Tabakdosen gibt es aus dem magischen Stein. Im Langeooger Laden ziehen Schiffe und ein Leuchtturm komplett aus Bernstein die Blicke auf sich.

Zu den ganz besonderen Preziosen von Museumspionier von Esmarch gehört der größte Bernsteinring der Welt, ein schmales goldbraunes Oval mit einem Durchmesser von etwa sechs bis sieben Zentimetern. Der liegt aber sicherheitshalber nicht in der Langeooger Auslage. Dafür jedoch jede Menge von Hand gefertigte Schmuckstücke, jedes aus echtem Naturbernstein und immer ein »Unikat der Natur«.

Die nächste Generation der von Esmarchs steht schon in den Startschuhen. Denn das »Bernstein Huus« ist ein echter Familienbetrieb: Es wurde 1984 bereits von der Mutter gegründet.

Adresse Barkhausenstraße 13a, Tel. 04971/2278, www.nordseeschmuck.de | **Öffnungszeiten** Mo–Sa 10–12.30 und 15–18 Uhr, So 10–12.30 Uhr (Saison) | **Tipp** Sehr beliebt war einst die Technik, aus einem kunstvollen Geflecht aus feinen Goldfäden und granulierten Goldkügelchen ein Schmuckstück zu fertigen: das Filigran. Hierin zeigte man in Ostfriesland eine besondere Kunstfertigkeit, die nur noch wenige Goldschmiede im Land beherrschen. Eine Wiederentdeckung lohnt sich.

46 Das Lale-Andersen-Denkmal

Wie einst Lili Marleen und immer noch sehr präsent

Schon lange tot, ist einer der wenigen deutschen Weltstars auf Langeoog immer noch ausgesprochen präsent. Zu ihrem 100. Geburtstag am 23. März 2005 wurde eine Bronzefigur an zentraler Stelle vor der »Inselgoldschmiede Recker« aufgestellt, schließlich stammt das Werk auch von der Künstlerin des Traditionsbetriebs, von Eva Recker. Seitdem steht Lale Andersen als schlankes Denkmal unter der Laterne vor dem hohen Turm – nämlich dem Wasserturm von Langeoog. Auch eine Fähre namens »Lili Marleen« erinnert an die große Sängerin. Sie gehört der Reederei Freimuth, ist aber nicht mehr das Originalschiff, das Lale Andersen kurz vor ihrem Tod noch selbst taufte.

Eigentlich war ihr Mädchenname Liese-Lotte Helene Berta Bunnenberg, geboren wurde sie in Bremerhaven. Die Sängerin des berühmtesten Soldatenliedes aller Zeiten hatte sich nach dem Krieg in die ostfriesische Insel verliebt und dort niedergelassen. Ihr reetgedecktes Anwesen, der »Sonnenhof«, steht heute noch. Das Vorderhaus ist als exklusives Feriendomizil für Touristen buchbar.

Nicht weit entfernt hat Lale Andersen auf dem Dünenfriedhof ihre letzte Ruhestätte gefunden, auf ewig begleitet vom Rauschen des Meeres. Sie starb im Alter von 67 Jahren am 29. August 1972 in Wien. Ihre Urne wurde später in feierlicher Prozession unter großer Anteilnahme der Insulaner auf Langeoog beigesetzt. Noch heute pilgern viele an ihr Grab und erinnern sich an einen Menschen, der unter den Nationalsozialisten Haltung bewies, aus der Reichskulturkammer ausgeschlossen wurde, Auftrittsverbot erhielt und schließlich auf dem kleinen Eiland den idealen Rückzugsort für sich fand.

Warum ein Quark-Hefe-Gebäck mit Sanddorn, Zucker und Zimt ausgerechnet »Süße Lale« heißt, bleibt ein Rätsel. Doch das Produkt lokaler Bäckerkunst schmeckt ausgesprochen köstlich und ist auf jeden Fall eine sehr sinnliche Erinnerung an den großen Star.

Adresse unterhalb des Wasserturms in der Verlängerung der Hauptstraße | **Tipp** Mit den Liedern von Lale Andersen im Ohr Richtung Dünenfriedhof spazieren und der großen Sängerin gedenken. Hoch geht's bei Gerk-sin-Spoor, direkt vorbei an ihrem »Sonnenhof«.

47 Die Landungsbrücke
Spannende Ankunft auf einem 300 Meter langen Steg

Für diesen Ort braucht man die Kraft der Imagination! Er ist aber einen historischen Ausflug wert, denn die Anreise nach Langeoog war lange Zeit ein großes Abenteuer. Seit der Gründung des Seebades im Jahr 1830 gab es zwar eine wöchentliche Verbindung mit einer Segelschaluppe, aber noch keinen Hafen auf der Insel. Die »Curator« warf in etwa 2.000 Schritt Entfernung vom Land ihren Anker, dann wurden die Passagiere und ihr Gepäck mit offenen Pferdewagen abgeholt und auf die Insel gefahren. Um mit den Gästen trocken durch das Wattenmeer zu kommen, war der Wagen ungeheuer hoch: Von den Pferden schauten nur die Köpfe und Hälse aus dem Wasser.

Mit der Gründung der Reederei »Esens–Bensersiel–Langeoog« im Jahr 1888 hielt die Dampfschifffahrt Einzug auf die Insel. Doch ganz ran ans Ufer kam man nach wie vor nicht, man musste immer noch auf Reede gehen und wegen der viel größeren Schiffe sogar noch weiter draußen im Wasser ankern als vorher. Und so kam man auf eine geniale Idee. Man baute 1892 einen riesigen Steg mitten ins Wattenmeer: die Landungsbrücke. 150 Meter lang war sie anfangs und wurde nur im Sommer in Betrieb genommen. Besonders bei Wind und Wellengang sorgte sie für spannende erste Schritte beim Ankommen.

Seit 1901 stieg man am Ende der Landungsbrücke um in die ganz neue Pferdebahn der Insel. Deren Schienen lagen beim Umsteigen unter Wasser und führten weiter ins Inseldorf. Nicht nur, aber besonders im Winter griffen die Naturgewalten nach der Brücke. Die tobende See, aber auch Eisschollen waren eine große Gefahr. Das fragile Bauwerk musste immer wieder ausgebessert werden. Zudem verschlechterte sich die Fahrrinne ständig, sodass die Landungsbrücke verlängert wurde und schließlich unglaubliche 300 Meter lang war. 1936 wurde sie von zwei Sturmfluten völlig zerstört.

Heute erblickt man dort satte Salzwiesen, grasende Pferde, Schafe und den Golfclub Langeoog.

Adresse an der Stelle der einstigen Brücke erstreckt sich heute weites grünes Land zur Rechten der Bahnstrecke auf dem Weg ins Inseldorf | **Tipp** Nicht nur die Pferde sind ein Blickfang, sondern auch die nagelneuen Brückenanlagen von Langeoog und Bensersiel. Mehr als fünf Millionen Euro wurden investiert, zur Saison 2020 wurden sie von der »Schiffahrt der Inselgemeinde« in Betrieb genommen.

48 Die Langeooger Puppenkiste

Kasperletheater nicht nur für die Kleinen

Ein Ort für Groß und Klein ist sie, die Langeooger Puppenkiste, die in der Spöölstuv beim »Haus der Insel« ihr Zuhause hat. Jeden Freitag öffnet sich dort seit mehr als zehn Jahren der rote Samtvorhang zu zwei Vorstellungen am Nachmittag. Das ganz junge Publikum sitzt vorne in den ersten Reihen und blickt gebannt auf das muntere Treiben direkt vor der kleinen Nase. Wenn es klingelt, geht es los: »Hurra, Hurra, der Kasper, der ist da! Er bringt auch seine Freunde mit, sie spielen ein Theaterstück.«

Die Langeooger Puppenkiste ist eine der wenigen Puppenbühnen in Deutschland, in der Kinder und Erwachsene zusammen spielen. Das beeindruckte auch schon Gerhard Polt, Schirmherr eines Kasperle-Festivals, bei dem die Insulaner ein wenig norddeutsches Flair auf die bayerische Bühne im Markus-Wasmeier-Museum brachten. Ein wichtiger Termin im Inselkalender ist mittlerweile das »Langeooger Puppenspielfest« zu Ostern, bei dem vier Tage lang Profispieler zeigen, was sich mit Handfiguren machen lässt: zum Beispiel »Die Zauberflöte« aufführen.

In der Langeooger Puppenkiste werden die altvertrauten Figuren lebendig: Kasper, Gretel und Seppel, die Großmutter, der Schutzmann, der Räuber und das Krokodil, das in dem Stück »Kasper und das Krokoweh« auch mal Zahnschmerzen haben darf. Was wiederum einen Hinweis auf die Leiterin des engagierten Ensembles gibt, die Insel-Zahnärztin Dr. Gabriele Hübener. Gespielt wird mit traditionellen Handspielfiguren aus Hohnstein, kunstvoll aus Lindenholz geschnitzt.

Rund 60 Vorstellungen kommen in der Saison zusammen, in denen die Akteure, darunter auch Puppenspieler von der Theater-AG der Inselschule Langeoog, Gäste wie Einheimische begeistern. Alle lieben ihre Puppenkiste, die auch mal dem berühmten Wasserturm nebenan einen kleinen Auftritt mit Kasperle gönnt.

Adresse Spöölstuv beim »Haus der Insel«, Dr. Gabriele Hübener, Tel. 04972/292 | **Öffnungszeiten** Vorstellungen: Fr 15 und 16 Uhr, Dauer: circa 30 Minuten | **Tipp** Auf Langeoog kommt bei Kindern an vielen Orten Spielfreude auf. Die Spöölstuv ist ein ganz besonders schöner, mit Kletterwand und Bällebad drinnen sowie einem Piratenschiff zum Toben draußen (Infos auf langeoog.de, Tel. 04972/693236).

49 Die Lichtinstallation
Sieben Zeilen oder die leuchtende Leinwand im Sand

Auf Kunst im öffentlichen Raum und in der freien Natur hat sich der Hamburger Jan Philip Scheibe spezialisiert. Besonders das Licht hat es ihm angetan. Es ist für ihn ein künstlerisches Ausdrucksmittel, mit dem er schon an vielen Orten der Welt sichtbare Spuren hinterlassen hat, wie etwa in Finnland, Griechenland oder auf Lanzarote. Unter den Ostfriesischen Inseln hat er besonders häufig auf Langeoog gearbeitet, das er gleich dreimal mit seinen Lichtinstallationen verzauberte.

Er spielt gern mit den Elementen. Wind und Wasser etwa waren das Thema seiner ersten beiden Insel-Installationen, »House of Wind« und »Noctiluca«, das 2017 nur für einen Winter erstrahlte. Von längerer Dauer ist dagegen sein letztes Kunstwerk, das den Sand in Szene setzt. Ein Element, das auf dieser von Dünen so stark geprägten Insel natürlich eine besondere Rolle einnimmt.

Direkt am Dünenübergang zum Sport- und Hauptbadestrand befindet sich seit Dezember 2018 die Lichtinstallation »Wenn die Flut kommt«. So lautet nach der Webseite des Künstlers (www.janphilip-scheibe.de) der Titel des Objektes, das die Holzbohlen des leicht ansteigenden Dünenwegs zur leuchtenden Leinwand macht.

Der Titel ist wohl auch ein Spiel des Künstlers, denn wer des Lesens mächtig ist, bemerkt sofort die Änderung im Text. »Wenn die Flut geht, sind meine Schritte die ersten im Sand« – so in Großbuchstaben die klare Botschaft, die die Installation vor Ort uns mitteilt. Sieben Zeilen, die viele Leute für einen kurzen Moment innehalten lassen auf dem Weg ans ewig kommende und gehende Meer.

120 Zentimeter lang ist das Kunstwerk und einen Meter breit. Die Worte sind mit Harz in die Buchstabenhohlformen gegossen, in denen sich das Leuchtmittel befindet, das den anregenden Text bei Dämmerung zum zauberhaften Strahlen bringt. Doch auch im Hellen ist das künstlerische Entrée zum Strand ein echter Hingucker und somit auch für Tagesgäste ein kleines Highlight.

Adresse Dünenübergang zum Haupt- und Sportstrand | **Tipp** Kunst im öffentlichen Raum ist in Ostfriesland gern aus Bronze. Auch auf Langeoog finden sich einige Bronzeskulpturen, ganz oben auf der Liste natürlich das Lale-Andersen-Denkmal am Wasserturm. Doch gibt es noch viel mehr Bronze zu sehen, wenn man die Augen ein wenig aufhält.

WENN
DIE FLUT
GEHT
SIND MEINE
SCHRITTE
DIE ERSTEN
IM SAND

50 Die Meierei am Ostende
Dickmilch mit Sanddorn: von der Geburt eines Klassikers

Wer einen Fahrradausflug ganz in den Osten der Insel macht, kommt nach Melkhorndüne und Vogelwärterhaus irgendwann unweigerlich an der Meierei vorbei. Dabei handelt es sich um ein kleines Gehöft mit mehreren Bauten, das 1742 unter dem Namen »Domäne Ostende« vom ostfriesischen Landesherrn erstmals verpachtet wurde. Ein Anwesen mit viel Tradition und Geschichte. Die Gegenwart wird heute von der Familie Falke geprägt. Klaus Falke kümmert sich um das Vieh und den Hof und Dagmar Falke um die Gaststätte. »Das ist meine Domäne«, meint sie augenzwinkernd.

Sie führt das Lokal nun schon in der dritten Generation Falke. 1995 hat sie sich entschlossen, den Betrieb von den Eltern zu übernehmen und Hamburg den Rücken zu kehren, wo die gelernte Gastronomin und Betriebswirtin viele Jahre beruflich erfolgreich war. Seitdem treibt die gebürtige Langeoogerin die Geschicke des Ausflugslokals voran. Es war übrigens ihre Idee, die köstliche und bekannte Dickmilch des Hofes mit Zucker und Schwarzbrot um die Vitaminbombe Sanddornsaft zu bereichern. Und schon war ein Klassiker der Meierei und der Insel geboren.

Sanddorn, den hat schon ihr Vater vor 30 Jahren geerntet, und den pflückt sie heute noch in einem Gebiet, das fast am Ende der Insel, am Osterhook, liegt. Nur die Meierei als Nationalpark-Partner hat die Genehmigung, hier im Schutzgebiet der Dünen zu ernten. Dagmar Falke schwört auf November als den idealen Termin. Das ist spät im Jahr, aber dann seien die Früchte am gehaltvollsten und im Geschmack am intensivsten. Auch das Orange sei dann kräftiger.

Die Sanddornernte ist harte Arbeit. Zwei bis drei Wochen dauert sie mit Helfern und fordert alle Kräfte. 2018 habe man aus Erschöpfung gar nicht alles ernten können. Bei höchstens 80 Grad wird das »Gold der Meierei« erhitzt und von Dagmar Falke jedes Jahr mit zerkratzten Armen erntefrisch zu köstlichem Saft und Gelee verkocht.

Adresse Meierei, Ostende, Tel. 04972/248, www.falke-meierei.de | **Öffnungszeiten** täglich 10.30–17.30 Uhr, Di Ruhetag, im Winter geschlossen | **Tipp** Mit dem Fernglas kann man von hier zwar noch nicht die Seehunde am Osterhook sehen, dafür aber sehr genau die Küste gegenüber zwischen Bensersiel und Neuharlingersiel beobachten und den Krabbenkuttern auf ihrem Weg zu den Fanggebieten zuschauen.

51 Die Minigolfanlage
Der große Retro-Spaß: zurück in die 70er

Wo sich die Schienen der Inselbahn mit der Hafenstraße kreuzen, da liegt das Minigolf-Café »Golfstube«. Ein Paradeblick auf die vorbeiziehende bunte Bahn ist also immer inklusive, wenn man sich auf der leicht erhöhten Terrasse niederlässt. Von hier oben geht der Blick auch hinunter auf die 18 Bahnen der Minigolfanlage mit ihrem Galerieholländer als Windmühlenminiatur in der Mitte.

Man muss nicht unbedingt den Minigolfschläger schwingen, um diesen lauschigen Fleck fern vom Trubel des Ortes aufzusuchen. Man kann oben einfach in Ruhe speisen und trinken, während unten die kleinen Kugeln konzentriert ins Loch bugsiert werden. Wobei das Spiel auf den schmalen Bahnen mit ihren herausfordernden Hindernissen heute ein einziger Retro-Spaß ist, den sich immer mehr aus allen Altersklassen gönnen.

Den kann man hier aber nicht nur inmitten der Minigolfbahnen perfekt erleben. Denn alles in der »Golfstube« ist so konsequent 70er, dass es zum Zeitsprung förmlich einlädt: Von der Speisekarte bietet sich hierzu die Französische Zwiebelsuppe (mit Käse überbacken) an. Selbst der alte Klassiker Toast Hawaii ist zu haben. Auch der Eisbecher zum Nachtisch kommt mit Papierschirmchen wie früher, und zur Verdauung gibt es hier wohl das größte Sortiment an Schnäpsen auf der ganzen Insel.

Allein elf Klare stehen zur Auswahl – vom Korngenever wie Doornkaat über den Aquavit Bommerlunder bis zum Schinkenhäger Wacholder. Auch bei den bunten Schnäpsen hat man mit 13 verschiedenen Spirituosen die Qual der Wahl: Stellvertretend seien hier nur Friesengeist, Küstennebel oder Ostfriesische Bontjesopp genannt. Zum Abschluss des kulinarischen Retro-Spektakels empfiehlt sich vielleicht noch ein Blick ganz ans Ende der Speisekarte. Da findet sich dann Heinz Erhardt mit einem Schmunzelgedicht über das »Unwetter«. Stilechter kann man eine Zeitreise wohl kaum unternehmen.

Adresse Hafenstraße 30, Tel. 04972/1392, www.minigolf-langeoog.de | **Öffnungszeiten** täglich ab 10 Uhr, Di geschlossen | **Tipp** Von der »Golfstube« bietet sich ein Spaziergang Richtung Hafen an, vorbei an Pferdekoppeln und dem »echten« Golfplatz, der auf der anderen Seite der Schienen liegt. Zurück geht's mit der Inselbahn.

52 Das Mini-Langeoog
Eine Insel aus Millionen Legosteinen

Alles ist da, wie im echten Leben: der Hafen mit Fähre, die Segelboote, das Seenotrettungsschiff, die bunte Inselbahn und der Bahnhof, der Flugplatz mit Tower, die Einkaufsstraße, die Hotels und Restaurants, die Dünen, der Strand und die Nordsee. Und natürlich darf der Wasserturm, das Wahrzeichen der Insel, nicht fehlen. Auf einer Fläche von 45 Quadratmetern erstreckt sich im »Haus der Insel« eine Langeoog-Welt im Miniaturformat, gebaut ganz aus Lego. Mehr als eine Million einzelner Steine stecken in dem riesigen Mini-Langeoog.

Die Modellbauer Andreas und Kai Böker sind nicht etwa Ostfriesen, sondern stammen aus Herford. Kurios ist, dass sie viele ihrer Objekte zu Anfang nur von Fotos kannten, nach denen sie das Lego-Double jeweils bauten. Los ging es im September 2006 mit einem Modell der Kajüte, der AWO Familienerholungsstätte, dann nahm man sich die Inselbahn vor, dann den Bahnhof, und so folgte ein Stein dem anderen, wurden aus einem ersten Lego-Modell im Laufe der Zeit schließlich insgesamt 250 Module. Über fast sechs Jahre hinweg haben die Bökers ihre Anlage immer wieder erweitert, bis 2013 aus Platzgründen Schluss war.

In der Insel aus Legosteinen steckt viel Liebe zum Detail. Die Heckenlandschaften, der Sanddorn, die hohen Dünen und Bohlenwege, die Wellen im Meer, die bunten Strandkörbe: Es sind gerade die kleinen Dinge des Modells, die bezaubern. Rund 1.000 Lego-Männchen beleben die Landschaft. Sie sind im Maßstab 1:42 und geben damit auch das Größenverhältnis für alle Lego-Nachbauten auf der Plattform vor. Kinder freuen sich über Harry Potter oder Darth Vader, die hier auch Urlaub machen, sogar Skelette sind in den Dünen versteckt.

Die gesamte Anlage ist rein aus privaten Mitteln erstellt mit handelsüblichen Legosteinen, die die beiden Erbauer, Mitglieder von www.1000steine.de, über Jahre erworben und gesammelt haben.

Adresse »Haus der Insel«, Kurstraße 1, Tel. 04972/6930, www.langeoog.de | **Tipp** Aus vielen Teilen setzte sich auch ein Kunstwerk zusammen, mit dem Langeoog 2016 ein Weltrekord gelang: Aus 1.000 Bildquadraten war ebenfalls ein Langeoog in Klein entstanden, das auf dem Malsystem »Quadratologo« basierte. Kurse dazu werden in der Spöölstuv am Kavalierpad angeboten (Tel. 04972/693236).

53 Die Mole am Hafen

Für stille Genießer: viele Bänke mit Blick aufs Festland

Fragt man Insulaner nach ihrem Lieblingsort, dann wird nicht selten einer genannt, der vor allem dadurch auffällt, dass hier der Blick Richtung Festland geht und nicht zur offenen See. Die Rede ist von der Mole am Hafen. Heute ist sie ein idyllischer Fleck ganz im Süden der Insel, der einst im Zuge des großen Hafenneubaus durch die Wehrmacht in den 30er Jahren entstand. Durch Aufschüttung bildete sich hier eine Art rechteckiger Landstumpf, der am westlichen Ende des Hafens ins Wattenmeer ragt.

Die Mole ist Teil der Deich- und Schutzbauten, die als fester Ring um den Süden der Insel liegen und das damals neu gewonnene Land vor den Fluten sichern. Dieser Ring zieht sich vom langen Seedeich im Osten, der bereits an der Willrath-Dreesen-Straße beginnt, bis ganz hinüber in den Westen zum Flinthörndeich. Mittendrin im Schutzwall: das große Hafenbecken mit seinen Steindämmen links und rechts und in der Verlängerung im Westen das Molen-Rechteck.

Um dieses verläuft direkt am Wasser entlang ein Rundweg, der gut mit dem Fahrrad passierbar ist. Die Mole ist ein Ort des stillen Genießens während der Geschäftigkeit der Saison. Denn die Tagesgäste zieht es nach Ankunft in aller Regel in die genau entgegengesetzte Richtung, an die Sandstrände im Norden. Wenn sie mit der Inselbahn wieder zurückkehren in den Hafen, dann zur Abfahrt. Die Mole wird meist rechts liegen gelassen.

Doch wer länger auf der Insel weilt, weiß dieses kleine Refugium zu schätzen. Nicht umsonst sind hier besonders viele Holzbänke mit Patenschaften zu finden. Hier sitzt man besonders gern bei Sonnenuntergang, schaut auf das Festland gegenüber mit seinen großen Windparks, sieht Segelboote und die Krabbenkutter aus den Sielorten übers Wattenmeer ziehen, die letzte Fähre des Tages gleitet durch die Fahrrinne majestätisch zurück nach Bensersiel – und auf Langeoog kehrt langsam wieder ein wenig Ruhe ein.

Adresse Molenweg, auf der westlichen Seite der Bahnschienen über Störtebeker- oder Hafendeichstraße erreichbar | **Tipp** Es lohnt sich auf jeden Fall, von hier weiter auf oder entlang dem Flinthörndeich zu fahren und einen Stopp am »Naturpfad Flinthörn« einzulegen, der durch die besonders geschützte Ruhezone des Nationalparks Wattenmeer führt.

54 Der »Mount Müll«
Weitblick: die Aussichtsplattform am Schniederdamm

Der Volksmund trifft es doch immer noch am besten: »Mount Müll« nennen die Langeooger einen Hügel im Osten der Insel, der sich gut sichtbar aus der flachen Landschaft der Weiden und Pferdekoppeln rund um den Schniederdamm erhebt. Für Inselverhältnisse ist der auch ausgesprochen hoch, fast schon wie ein echter Berg! Daher stammt der erste Teil des Spitznamens. Der zweite bezieht sich auf den ursprünglichen Zweck dieses Ortes. Denn hier war früher die Mülldeponie Langeoogs angesiedelt, und auf den Abfällen von Jahrzehnten steht man auch genau genommen, wenn man sich auf diesen recht ungewöhnlichen Aussichtspunkt begibt.

Der Spitzname ist eindeutig, der offizielle Name existiert dagegen in mehreren Varianten: Unter »Aussichtsdüne«, »Aussichtspunkt« oder »Aussichtsplattform am Schniederdamm« findet man den Ort in den verschiedenen digitalen und gedruckten Informationsquellen über Langeoog. Immer auf dem erhöhten Damm entlang, vorbei an der Tischlerei Schwede, am unterhalb gelegenen Ponyhof und am Alpakaladen, geht es ganz hinaus zu den neuen Lagern für Stein- und Gartenabbruch. Es ist ein merkwürdiges Gemisch aus Idylle und Abfall, das sich rund um den »Mount Müll« zu etwas Neuem vereint. Allein schon deswegen lohnt sich ein Ausflug dorthin.

Den Hügel hoch geht es auf einem Weg, der sich spiralförmig aufwärtswindet, bis man in circa 20 Meter Höhe auf eine Holzplattform gelangt. Der Gipfel ist als Rondell mit vielen bequemen Sitzflächen gestaltet, das zum Sonnenbaden auf dem warmen Holz geradezu einlädt. Von hier oben hat man ganz ungewohnte Perspektiven auf die Insel: Man blickt auf den landschaftlich sehr reizvollen Golfplatz mit seinen Teichen und der reichen Tierwelt, auf zottelige Hochlandrinder, auf das Wattenmeer im Süden und auf die Dächer Langeoogs im Norden. Der Aussichtspunkt ist auch ein Paradeplatz, um Flugzeugen beim Starten und Landen auf dem nahe gelegenen Flughafen zuzusehen.

Adresse am Schniederdamm, www.langeoog.de | **Tipp** Vom Aussichtspunkt zieht sich der Weg vom Schniederdamm weiter in einer großen Linkskurve durch die Weidelandschaft. Wer am Ende in die Willrath-Dreesen-Straße links abbiegt, gelangt wieder zurück in den Ort: ein sehr schöner Rundgang.

55 Das Muschelfenster
Seltene Exemplare im »Haus Wilhelmine«

Wenn man die Barkhausenstraße entlanggeht, fällt an der langen Shopping- und Gastromeile der Insel ein Gebäude besonders auf: das »Haus Wilhelmine«. Es gehört zu den alten, inseltypischen Häusern dieser Straße, die einst in der Zeit des Bädertourismus mit vornehmen Villen gepflastert war. Ganz besonders sticht das große Fenster des erkerartigen Vorbaus hervor: Unzählige Muscheln und prächtige Schnecken schimmern dort in Behältern aus Glas.

Sie sind alle auf Langeoog gesammelt – vor langer Zeit von Hildegard Beckmann, die 1921 auf der Meierei geboren wurde. Die Insulanerin hat zeit ihres Lebens Muscheln und Schnecken zusammengetragen, sie fein säuberlich sortiert und auch zu Bildcollagen verarbeitet. 2015 ist sie im Alter von 93 Jahren gestorben, doch ihre Tochter, Jutta Isaak, weiß um die Seltenheit dieser Kostbarkeiten und schafft ihnen in ihrem »Fürstenzimmer« einen würdigen Rahmen. So auch den bis zu 14 Zentimeter großen weißen Wellhornschnecken, die sich im Glas türmen und manchmal draußen auf der Bank einen Lieblingsplatz finden.

Dort im Garten, wo die Hortensien besonders schön blühen – dank vieler Seehundkadaver, die ihr Großvater hier einst verbuddelte, als er als Kapitän auf Küstenschifffahrt die Seehundjäger zu den Sandbänken führte, scherzt sie gern.

Oben im ersten Geschoss zeigt eine Collage die ganze Vielfalt der Strandschätze Langeoogs. Manche davon sind ganz seltene Exemplare, wie etwa der Pelikanfuß, ein begehrtes Sammlerstück. Dieses Weichtier hat nur ein Haus und ist darum eine Schnecke. Im Gegensatz etwa zur hier ebenfalls zu findenden Pfeffermuschel, die zwei Schalenhälften hat und eine typische Muschel ist. Sie schmeckt aber ganz untypisch scharf und pfeffrig, was ihr den Namen gab. Sehen kann man diese ganz besondere Sammlung als Logiergast im »Haus Wilhelmine«. Auf Anfrage ist eine Besichtigung aber auch so möglich.

Adresse Barkhausenstraße 16, Tel. 04972/237, www.haus-wilhelmine.de | **Tipp** Die Muscheln der Sammlung »Haus Wilhelmine« sind unverkäuflich. Ein großes Sortiment an Muscheln aus Ostfriesland und aller Welt findet sich im »Muschelparadies«, einem Geschäft für maritime Geschenkartikel in der Heerenhusstraße.

56__ Die Nachrichtenzentrale

»Langeoog News«: immer dicht dran am Geschehen

Wo dieses Fahrrad steht, passiert gerade etwas von Nachrichtenwert. Davon kann man eigentlich immer ausgehen, denn bei dem Drahtesel mit der weißen Tuchbespannung im Stangendreieck handelt es sich quasi um das Dienstfahrzeug der »Langeoog News«. Die Publikation gehört zur Insel wie das Salz in die Nordsee. Sie wird bereits seit 2001 online und seit 2005 auch gedruckt durch die »Langeooger Multimedia GmbH« herausgegeben. Ihr Kopf und Gründer ist Klaus Kremer, der in den 19 Jahren des Bestehens sein Nachrichtenmagazin erfolgreich durch den Medienwandel geführt hat.

Viele Jahre erschienen die »Langeoog News« als Wochenzeitung. Seit Sommer 2019 nutzt man die Printausgabe, um im Format eines bildreichen Magazins mit längeren Artikeln die Leser und Leserinnen ausführlich über Bemerkens- und Berichtenswertes auf der Insel zu informieren. Die gedruckte Version mit umfangreichem Veranstaltungskalender erscheint nun einmal im Monat. Für die schnelle Nachricht, das Tagesaktuelle, setzen die Macher verstärkt auf ihren Internetauftritt mit 10,8 Millionen Seitenabrufen im Jahr. Rund 70 Prozent der digitalen Beiträge werden mit dem Smartphone gelesen.

Dank Internet und der Möglichkeit, sich die gedruckte Version zuschicken zu lassen, sind die »Langeoog News« das ganze Jahr über beim Leser, wo immer der sich gerade auch befindet. Denn dem fünfköpfigen Team um Kremer gelingt das Kunststück, sowohl Insulaner als auch Urlauber mit ihren sehr unterschiedlichen Interessen gleichermaßen anzusprechen. Es gibt nicht wenige Touristen, die sich so das ganze Jahr über »ihre« Insel auf dem Laufenden halten.

Die Nachrichtenzentrale von Langeoog hat ihren Sitz westlich vom Bahnhof. Ein riesiger rot-weiß geringelter Leuchtturm weist den Weg. Ganz oben unterm Dach entsteht das, was kurze Zeit später überall auf der Insel zu lesen ist – und wo oft noch spätabends das Licht brennt.

Adresse Jakob-Pauls-Weg 7, Tel. 04972/6331, www.langeoognews.de | **Tipp** Wer etwas Ungewöhnliches sieht oder erlebt auf der Insel, der kann dieses gern der Redaktion der »Langeoog News« mitteilen. Alle anderen Printmedien werden morgens mit der ersten Fähre von Bensersiel herübergebracht, auch die lokale Tageszeitung vom Festland, der »Anzeiger für Harlingerland«.

57 Der Naturpfad Flinthörn
Wie aus dem Bilderbuch: die Entstehung einer Düne

Es fängt ganz klein an: Es reicht schon eine Muschelschale oder Treibgut als Keimzelle einer neuen Düne. Hinter diesem Hindernis bildet sich eine »Minidüne«, auf der sich Pionierpflanzen wie die Strandquecke ansiedeln. Diese bilden wiederum neuen Windschatten, in dem sich weiterer Sand ablagert. Mit der Zeit entstehen so kleine kalk- und salzhaltige Sandanhäufungen: eine Düne im Embryonalzustand. Das Flinthörn im Südwesten von Langeoog hat ganze Embryonaldünenfelder zu bieten. Ganz wunderbar lässt sich dieses wie auch jedes weitere Entwicklungsstadium einer Düne auf dem 1,5 Kilometer langen Naturpfad Flinthörn besichtigen.

Mit der wachsenden Vordüne gelangen auch die Strandquecke oder der Strandroggen immer höher, bis ihre Wurzeln nicht mehr ständig Salzwasser ausgesetzt sind. Der Strandhafer siedelt sich an, zieht sein kräftiges Wurzelwerk durch den Sand und festigt den Untergrund. Eine Weißdüne ist entstanden, die bis zu 20 Meter hoch werden kann. Die vielen Weißdünenkämme sind der natürliche Schutz Langeoogs vor Sturmfluten. An der windabgewandten Seite der Düne beginnt sich allmählich eine dünne graue Schicht aus verrottetem Pflanzenmaterial zu bilden. Es entsteht eine Graudüne, die im Laufe der Jahre dunkler und schließlich eine Braundüne wird.

Auch das Flinthörn selbst verdankt seine Existenz einem Hindernis. Es waren vermutlich Holzbalken aus Baltrum, die nach der großen Sturmflut von 1825 die Keimzelle bildeten für das sandige Naturschutzparadies, wie wir es heute, gut 200 Jahre später, sehen. Der Überlieferung nach sollen an dieser Stelle immer Steine von Schiffen als Ballast abgeworfen worden sein. »Flint« ist der plattdeutsche Name für einen unbearbeiteten Naturstein, »Hörn« steht für Ecke oder Haken. Diese Form war noch deutlicher zu erkennen, bevor in den 30er Jahren durch den damals errichteten Flinthörndeich ein großes Vorland zwischen Sandhaken und Deich entstand, das das Profil der Insel zum Süden hin fast geschlossen abrundete.

Adresse Rundweg vom Flinthörndeich über die Flinthörndüne zum Flinthörnstrand | **Tipp** Unbedingt einen Stopp einlegen in der Flinthörnhütte, einer Aussichtsplattform der Nationalparkverwaltung Wattenmeer mit Fernrohr und Weitblick über diesen einmaligen Lebensraum für seltene Vögel und Pflanzen, der außerhalb des Naturpfades nicht betreten werden darf.

58 Das Neubaugebiet »Uns Oog«
Bezahlbarer Wohnraum für Insulaner

Wenn Insulaner keinen, vor allem keinen bezahlbaren Wohnraum zur Miete mehr finden, dann hat das auch Folgen für den Feriengast auf Langeoog. Dann fehlt überall Personal, dann kann mancher Service für den Touristen nicht mehr aufrechterhalten werden. Dann muss etwa ein Bäcker seine beliebte Brötchenlieferung einstellen wie auf Langeoog schon geschehen. Auch Hoteliers und Restaurants finden keine Mitarbeiter, es sei denn, sie können betriebseigene Wohnungen anbieten. Was für den Angestellten wiederum eine große Abhängigkeit vom Arbeitgeber bedeutet.

»Uns Oog« ist der Name eines Neubaugebiets an der Kirchstraße, das genau gegenüber der Inselschule Langeoog liegt. Hier wird genossenschaftlich gewohnt, der plattdeutsche Name ist Programm: »Unsere Insel«. Hier haben Menschen ein Zuhause, die auf Langeoog leben und arbeiten. 31 Wohnungen umfasst das Projekt, das für die Gemeinde einen wichtigen Meilenstein darstellt. Raum für weitere Immobilien ist auf der großen Freifläche genug vorhanden. Manche Modellrechnungen für arbeitgeberunabhängigen Mietwohnungsbau an dieser Stelle gehen von 60 weiteren Einheiten aus, die hier entstehen könnten.

Das Neubaugelände hat eine bewegte Geschichte. Hier stand einst die Kommandantur der Wehrmacht, nach dem Zweiten Weltkrieg wurde das Gebäude als Altersheim für geflüchtete Baltendeutsche genutzt. 1958 wurden zunächst Teile, dann in den 70ern der komplette Backsteinbau zum Internatsgymnasium. 1988 ging die private Schuleinrichtung in die Insolvenz und musste schließen. Danach ließ man das Gebäude aus den 30ern jahrelang leer stehen.

Im Mai 2009 stand der alte Bau lichterloh in Flammen, Brandstifter waren am Werk: ein Ereignis, an das sich viele Langeooger noch immer erinnern. Das abgefackelte Internat hinterließ eine große Lücke im Ortsbild. Mit »Uns Oog« wurde sie geschlossen.

Adresse Kirchstraße, gegenüber der Inselschule Langeoog | **Tipp** Wer geradeaus weitergeht, landet im Wäldchen und kann dort zu einer Nordic-Walking-Runde starten oder auch einfach nur spazieren gehen – eine grüne Auszeit vom blauen Meer.

59 Die neun Löcher »An't Diek«

Toplage: am Meer, im Weltnaturerbe und beim Flugplatz

Das gibt es so auch nur auf Langeoog: einen Golfplatz, den man anfliegen kann. Denn die neun Löcher der hiesigen Golfanlage liegen direkt neben dem Sportflugplatz der Insel. So ist der Golfclub Langeoog e. V. wohl der einzige in Deutschland, der von sich behaupten kann: »Fünf Minuten nach der Landung stehen Sie schon auf dem ersten Abschlag.«

Diese besondere Lage macht man sich einmal im Jahr für ein ganz spezielles Turnier zunutze, den »Insel Hopping Cup«. Hier spielt man zusammen mit dem Golfclub von der Nachbarinsel Norderney um die Trophäen. Dabei werden auf jeder Insel neun Löcher gespielt. Nach der ersten Runde geht es mit dem Flugzeug zum Nachbarverein und nach dem zweiten absolvierten Neun-Loch-Parcours durch die Luft wieder zurück nach Langeoog.

Dieser Cup ist einer von unzähligen Events, mit denen der Golfclub von April bis in den Dezember hinein jede Saison für gute Laune unter Gästen und Einheimischen sorgt. »In manchen Jahren tragen wir bis zu 50 größere und kleinere Turniere aus«, weiß Geschäftsführer Michael Wrana zu berichten. Regelmäßig gibt es »Sundowner«-Turniere. Auch um den »Monatsbecher« wird alle 30 Tage am letzten Sonntag im Monat auf dem Par-70-Platz gekämpft.

Ein Golfverein auf einer Urlaubsinsel muss vor allem offen sein für Nichtmitglieder. Die Zahl der Gastspieler übertrifft jedes Jahr die der Vereinsmitglieder bei Weitem. Es gibt viele Möglichkeiten mitzumachen: etwa beim »Pfingstturnier« oder beim »Charity Golfturnier« des örtlichen Lions Club, das ebenfalls immer ein offenes Turnier ist. In den Sommerferien findet der traditionelle »Gäste versus Langeooger«-Wettstreit statt, bei dem an zwei Tagen im Ryders-Cup-Format je neun Löcher gespielt werden. Zwischen Dünen und Deich, dazu noch in einem Weltnaturerbe, genießt wohl jeder das Inselgolfen am Meer.

Adresse Flughafenstraße 2, Tel. 04972/990246, www.inselgolfen.de | **Öffnungszeiten** täglich, Anfangszeiten der Turniere und Wegbeschreibung auf der Webseite | **Tipp** Die Golfanlage ist ein wunderschönes naturbelassenes Gelände mit vielen Teichen und Tieren. Das lässt sich als Nichtgolfer auch gut von oben betrachten: einfach den Aussichtspunkt am Schniederdamm oder den parallel zum Platz verlaufenden Deich besteigen.

60 Der »Nordic-Walking-Park«

Ob Anfänger oder fortgeschritten: jedem seine Route

Wenn man die Kirchstraße entlanggeht und dann über die Störtebekerstraße den Ortskern verlässt, steht man kurz vor dem Wäldchen vor einer großen Tafel. Sie ist eine von insgesamt vieren, die über den »Nordic-Walking-Park« auf Langeoog informieren. Denn hier gibt es nicht eine Strecke für den Trendsport mit den Stöcken, sondern gleich fünf davon, was sie zum »Park« adelt. Der Tafel ist zu entnehmen, dass am Wäldchen die leichteste, Route 5, beginnt. Sie führt auf 5,2 Kilometer Länge erst schnurgerade über die Schneise, die durch das üppige Grün geht, dann in scharfem Rechtsbogen über die Bitumenpiste des alten Flughafengeländes Richtung Flinthörn und schließlich an den Kleingärten vorbei zum Ausgangspunkt.

Alle anderen Routen starten am Kur- und Wellness-Center. Route 4 gilt mit 6,5 Kilometern als mittelschwierig und zieht sich immer westwärts den Strand entlang Richtung Flinthörn, um dann nach einem Aufstieg auf die Düne über den Ringschlot und die Kinderkurkliniken den Kreis zu schließen.

Von ganz anderem Kaliber sind die Routen 1 bis 3, die Richtung Ostende führen. Bei Route 1, die mit sechs Kilometern noch als mittelschwierig einzustufen ist, fordert die Bodenbeschaffenheit. Bei Route 2 und 3 ist es die Länge der Strecke, die einmal über 16,8 Kilometer zum Falkenweg an der Meierei und wieder zurück geht, und bei der schwierigsten über eine Halbmarathondistanz von 21,3 Kilometern bis ganz hinaus zum Ostende der Insel führt.

Das Streckennetz wurde gemeinsam vom Institut für Natursport und Ökologie der Sporthochschule Köln, dem Deutschen Ski-Verband (DSV) und der Kurverwaltung Langeoog entwickelt und Ostern 2007 eröffnet. Es ist für Anfänger wie für Fortgeschrittene geeignet. Auf den Informationstafeln finden sich zudem Ratschläge, wie man's richtig macht mit der Nordic-Walking-Technik.

Adresse Info: Tourismus-Service Langeoog, Hauptstraße 28, Tel. 04972/6930, www.langeoog.de | **Tipp** Wer es nicht ganz so sportlich mag, kann auch die »Thalasso-Therapiewege« wählen. Sie überschneiden sich in Meeresnähe zum Teil mit den Routen des »Nordic-Walking-Parks«.

61 Das Nordsee-Pädagogium
Hier war Gabriele Wohmann Schülerin und Lehrerin

Langeoog war viele Jahre eine regelrechte »Schulinsel«. Es gab Zeiten in den 60ern, da besuchte ein Fünftel der Einwohner eine der vielen pädagogischen Einrichtungen. Rund 500 Kinder wurden sommers wie winters hier unterrichtet, in der Volksschule, der Realschule sowie dem Gymnasium. Die beiden letzten waren privat und hatten zudem angeschlossene Internate, denn ein Großteil ihrer Schüler stammte nicht von Langeoog.

Die berühmteste Absolventin des Gymnasiums ist die Schriftstellerin Gabriele Wohmann, die von 1950 bis 1951 ihr letztes Schuljahr auf Langeoog verbrachte, ihr Abitur allerdings noch extern auf dem Festland am Ulrichsgymnasium in Norden ablegen musste. 1953 kam sie frisch vermählt mit ihrem Mann Reiner wieder zurück an das nun staatlich anerkannte Nordsee-Pädagogium, das spätere Nordsee-Gymnasium. Sie und ihr Mann, die beide ihr Studium in Frankfurt unterbrochen hatten, arbeiteten ein Jahr als Hilfslehrer an ihrer alten Schule, bevor sie wieder zurück in ihre hessische Heimat gingen. An die vielfach geehrte Autorin, immerhin die »Königin der Kurzgeschichte« in der deutschen Literatur, erinnert nichts auf Langeoog.

Was vielleicht auch daran liegt, dass das Nordsee-Pädagogium viele Jahre lang über das ganze Dorf verstreut war, die Schüler in Hotelbetrieben unterrichtet wurden. Der Hauptsitz war im ehemaligen Traditionshotel »Germania« im Ortskern, dem heutigen »Hotel Dünenläufer«.

Gabriele Wohmann hat noch in einem ihrer letzten biografischen Essays, »Sterben ist Mist, der Tod aber schön«, über ihre besondere Beziehung zum Meer geschrieben: »Das Meer ist für mich ... eine Öffnung himmelwärts, sonst wäre es nur halb so wichtig ... Ich habe früher schon immer gedacht: Darmstadt liegt mir zu sehr im Inneren, ist viel zu weit entfernt vom Meer. Das Meer aber ist ein Schlusspunkt. Und auch ein Anfang, der Anfang von etwas, von etwas ganz Anderem.«

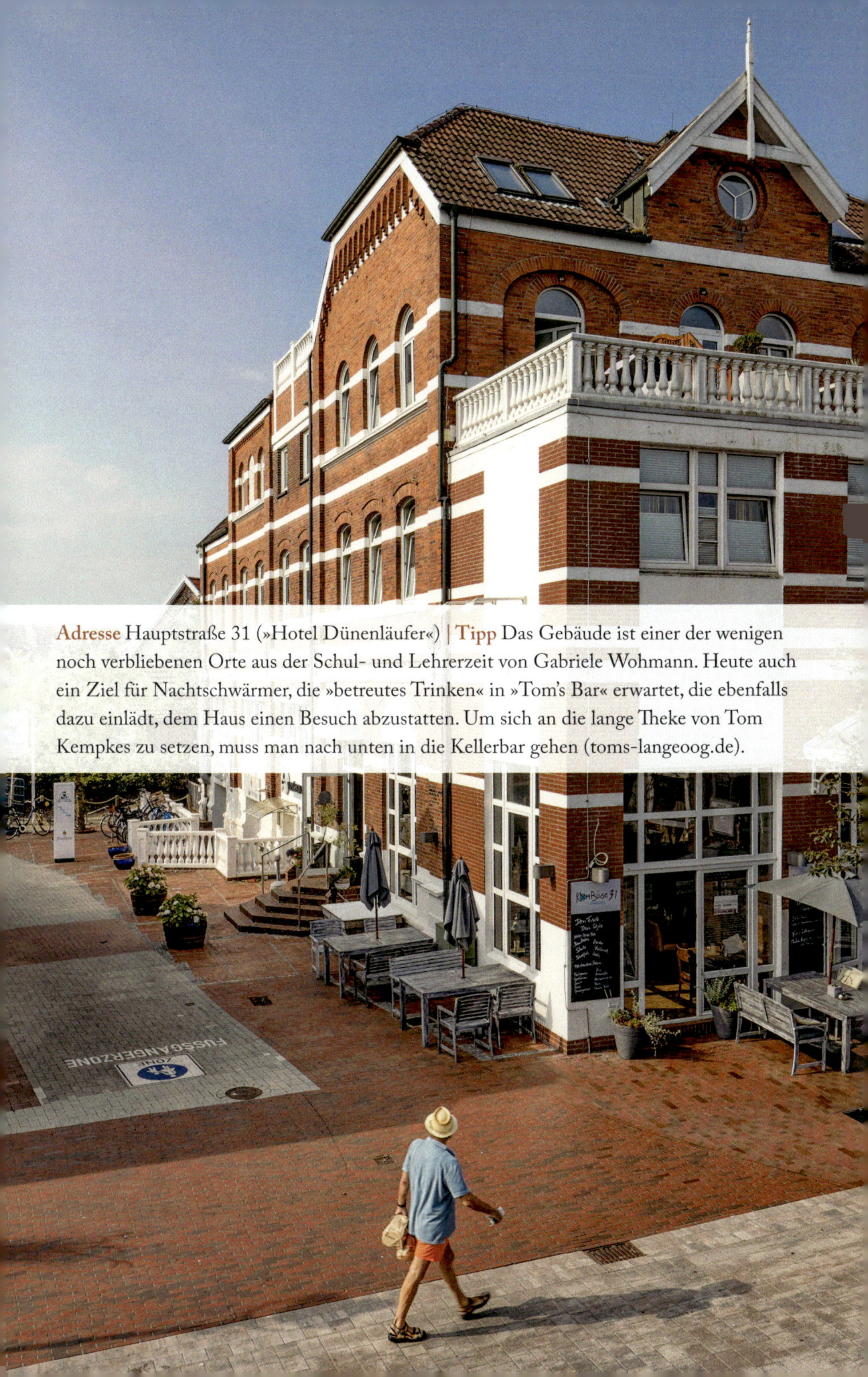

Adresse Hauptstraße 31 (»Hotel Dünenläufer«) | **Tipp** Das Gebäude ist einer der wenigen noch verbliebenen Orte aus der Schul- und Lehrerzeit von Gabriele Wohmann. Heute auch ein Ziel für Nachtschwärmer, die »betreutes Trinken« in »Tom's Bar« erwartet, die ebenfalls dazu einlädt, dem Haus einen Besuch abzustatten. Um sich an die lange Theke von Tom Kempkes zu setzen, muss man nach unten in die Kellerbar gehen (toms-langeoog.de).

62 __ Das Notrufschild 32
Damit es ganz schnell geht für die Lebensretter

Wer sich in der weiten Dünenlandschaft Langeoogs verletzt, weil er vielleicht vom Fahrrad gestürzt ist, oder plötzlich Schmerzen am Herzen verspürt, der ist im Notfall ganz schön weit weg von jeglicher Zivilisation. Die meisten können zwar heute mobil telefonieren und Hilfe anfordern, doch wo befindet man sich eigentlich genau? Diese Frage ist für die meisten, insbesondere für Tagesgäste, nicht leicht zu beantworten. Die korrekte Ortsangabe kann in kritischen Fällen jedoch über Leben und Tod entscheiden.

Damit Rettungswagen und Feuerwehr immer so schnell wie möglich vor Ort sind, überzieht außerhalb des Dorfkerns ein dichtes Netz von Notfallpunkten die gesamte Insel. 34 sind es an der Zahl, die auf Initiative und mit der finanziellen Unterstützung des Langeooger »Rotary Clubs« seit 2017 errichtet wurden. Daher ist auch das runde Rotary-Emblem, ein blau-gelbes Zahnrad, das Erkennungsmerkmal der Notfallsäulen. In der leuchtend rot gestalteten Mitte sind die Notrufnummer 112 zu lesen sowie eine weitere Zahl: die Nummer des SOS-Punktes.

Anhand dieser Nummer kann der Rettungsdienst den Standort genau identifizieren. Das Notrufschild mit der Nummer 32 etwa liegt am Ende des Pirolatals nicht weit entfernt vom großen Schloppsee im Nationalpark Wattenmeer – das zeigt den Helfern am Telefon sofort die Überblickskarte.

Auch der 14 Kilometer lange Strand ist seit Sommer 2019 außerhalb der Hauptbadeabschnitte in gesamter Länge mit auffälligen Notrufschildern bestückt. Diese sind allerdings dreieckig mit rotem Rand auf weißem Grund. Sie sind auch nicht mit einer Zahl, sondern mit Buchstaben zur Standortangabe versehen. Von »a« im äußersten Westen bei der Flinthörn bis zu »l« ganz am Ostende erheben sich die zwölf langen Stahlmasten. So ist auch an den einsamsten Flecken Langeoogs im Notfall die Zivilisation nicht weit. Ein Anruf genügt.

Adresse Rettungswache Langeoog, Süderdünenring 25, Tel. 112, www.langeoog.de |
Tipp Schnitzeljagd auf Langeoog: Fahren Sie doch einmal alle Notrufsäulen immer der Nummerierung von 1 bis 34 nach ab. Damit machen Sie gleichzeitig eine Inselrundfahrt – und Spaß macht es auch noch!

63 Die Online-Bäckerei
Innovativ: erstes Bestellportal für Urlaubsbrötchen

Tradition wird hier ganz großgeschrieben: In vierter Generation wird das Handwerk des Backens betrieben, den Hefeteigen lässt man genügend Zeit zu reifen, und natürlich liegen die Klassiker in den Regalen: Rosinenbrot und Teekuchen, die in Ostfriesland auf den Tisch gehören wie Kluntje in den Tee. In »Remmers Backstube« auf Langeoog ist vieles beim Alten geblieben, frei nach dem »Manufactum«-Motto: Es gibt sie noch, die guten Dinge. Aber vieles ist auch ganz anders und beispielhaft neu.

Denn Firmenchef Jannes Remmers bewegen vor allem innovative Ideen, mit denen er bereits frischen Schwung in das Geschäft mit den kleinen Brötchen gebracht hat. »Ein Klick … Frühstück« – so schnell kann es gehen auf Langeoog, wenn man seinen Online-Service nutzt. Wer bis 17 Uhr im digitalen Brötchen-Shop seine Bestellung aufgibt, der kann sich am nächsten Morgen an den fertigen Frühstückstisch setzen. Nun ja, fast, denn abholen muss man sie dann schon noch selber am Schniederdamm.

Dort hat es 2014 mit »Remmers Backstube« angefangen, als der erst 21-jährige Bäckermeister von seiner Heimatinsel Juist nach Langeoog kam und die »Inselbäckerei Wilken« übernahm. Drei Ladengeschäfte sind es in der Zwischenzeit geworden: eines in der Hauptstraße 17, eines in der Barkhausenstraße 23 und eines am Stammsitz, wo er auch sein Konzept der »offenen Backstube« verwirklicht hat.

Das Prinzip ist aus Restaurants bekannt, in denen vor den Augen der Gäste gekocht wird, doch für eine Bäckerei war das ein ganz neuer Ansatz. In »Remmers Backstube« kann man beim Einkaufen über die Theke hinweg zuschauen, wie die knusprigen Leckereien entstehen, die man bald verspeisen wird. Man kann Brot, Brötchen und Kuchen riechen, wenn sie aus dem Ofen geholt und noch warm in die Körbe und Auslagen verteilt werden. Näher dran am traditionellen Handwerk geht es nicht mehr. Dafür lohnt sich der Weg.

Adresse Schniederdamm 14, Tel. 04972/221, www.remmers-backstube.de | **Tipp** Wer in Ostfriesland ist, der sollte auf jeden Fall einmal den traditionellen Teekuchen der Region probiert haben. Dabei handelt es sich eigentlich um einen ganz einfachen Blechkuchen, mal mit, mal ohne Pudding oder Creme in der Mitte – aber auf jeden Fall immer köstlich.

64 Die Otzumer Balje
Anspruchsvolles Fahrwasser geformt von den Gezeiten

Die Otzumer Balje ist das Seegatt, das Langeoog von Spiekeroog trennt. Hier fließen im Rhythmus der Gezeiten gewaltige Wassermassen durch, alle sechs Stunden: Bei Flut strömt es von der Nordsee Richtung Festland und füllt das Wattenmeer, bei Ebbe strömt es wieder hinaus und legt den schlickigen bis sandigen Untergrund frei. Zwischen den Inseln wird es eng für das Wasser. Da wird es komprimiert. Die Seegatts sind wie Düsen: Rund drei bis vier Knoten schnell ist die Strömung im Durchschnitt im Wattenmeer. Besonders stark bei einer Springtide, wenn der Vollmond noch mehr Anziehungskräfte entwickelt als sonst.

Um zur Otzumer Balje zu gelangen, unternimmt man am besten eine Ausflugsfahrt mit einem der Fährschiffe. Etwa auf der »Langeoog II« der Insel-Fährlinie. Die werden regelmäßig angeboten, aber nicht täglich. Denn Fahrten, die entlang der Insel führen, sind extrem von den Gezeiten abhängig wie auch von der allgemeinen Wetterlage, vor allem dem Wind, und der Strömung.

»Jede Fahrt ist anders«, davon wissen die Kapitäne zu berichten. Daher könne man auch nie ganz genau sagen, wie lange der Ausflug dauern wird. Im Schnitt ist man zwei Stunden mit dem Boot unterwegs – und fährt über ein anspruchsvolles Fahrwasser.

Kapitän und Steuermann haben ihre Messinstrumente immer fest im Blick. Manchmal sind nur 70 Zentimeter unter dem Kiel oder noch weniger. Besonders an die Stellen, an denen das Wasser der von links und rechts hereinströmenden Flut aufeinandertrifft, wird viel Sand geschoben. Da kann das Wasser schon mal zu flach sein, muss die Route jedes Mal individuell angepasst werden, um nicht auf Grund zu laufen.

Die Otzumer Balje selbst ist bis zu 19 Meter tief, doch tückisch. Denn ausgelöst durch die Strömung, ändert sich die Lage und Tiefe des Seegatts ständig. Was vor mehr als 100 Jahren dem Dampfer »Heinrich Horn« zum Verhängnis wurde, der 1917 hier sank.

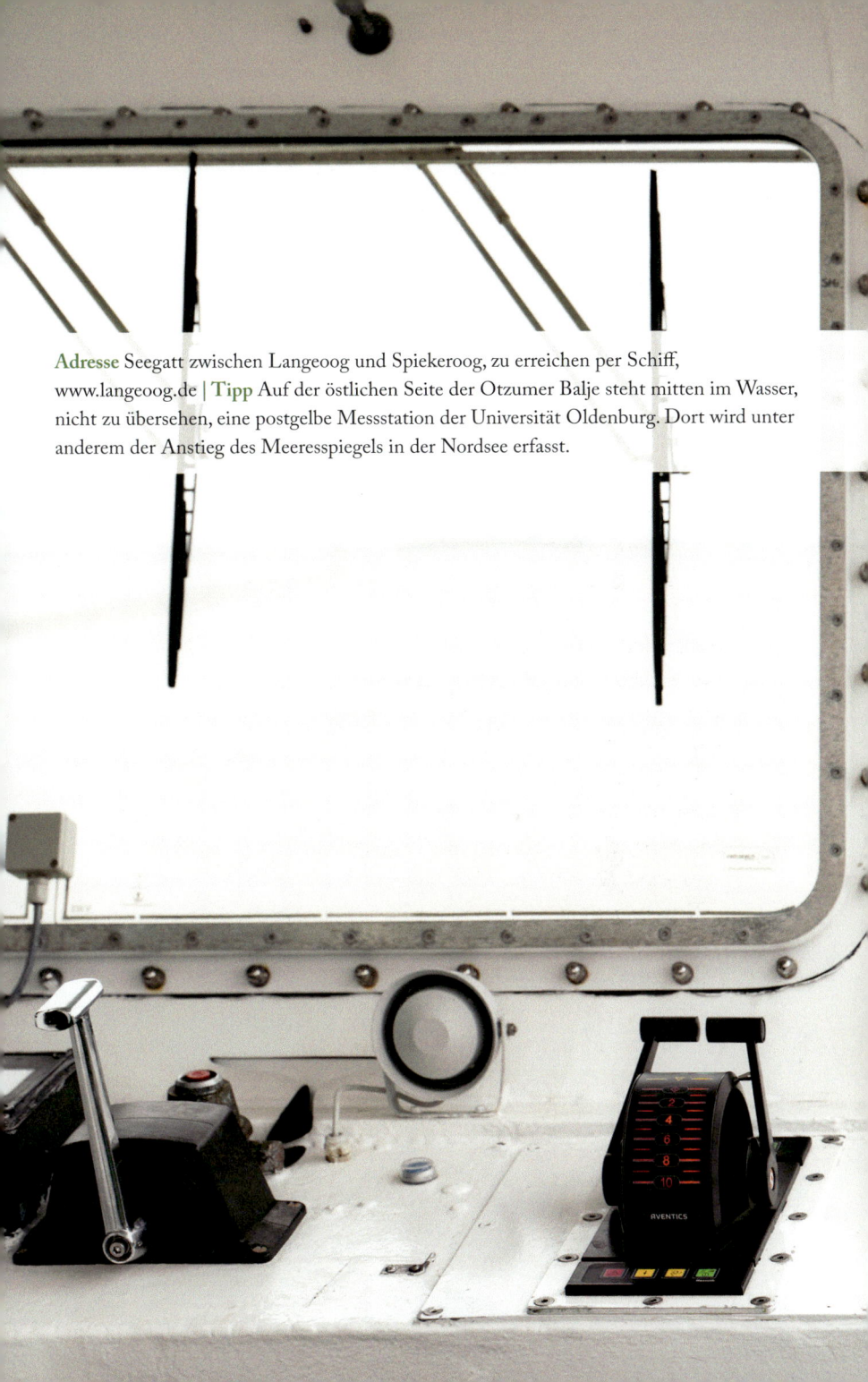

Adresse Seegatt zwischen Langeoog und Spiekeroog, zu erreichen per Schiff, www.langeoog.de | **Tipp** Auf der östlichen Seite der Otzumer Balje steht mitten im Wasser, nicht zu übersehen, eine postgelbe Messstation der Universität Oldenburg. Dort wird unter anderem der Anstieg des Meeresspiegels in der Nordsee erfasst.

65 Die Partykneipe
Direkt am Meer und viel schöner als der Ballermann

»Wir haben eine neue Partyinsel! Wir haben die Düne 13 auf Langeoog!« Damit machte Luke Mockridge im November 2018 die Kultkneipe auf einen Schlag einem Millionenpublikum in Deutschland bekannt. Nicht dass sie bis dahin ein Geheimtipp gewesen wäre: Schließlich ist sie seit gut 30 Jahren der Treffpunkt für alle Nachtschwärmer der Insel, doch eine solche Fernsehwerbung hat man auch nicht alle Tage. Der spontane Einfall des Sat.-1-Moderators, auf der Suche nach einem Ersatz für den Ballermann auf Mallorca Langeoog genauer ins Visier zu nehmen, war für Ron Piekarski, den schlagfertigen Betreiber der »Düne 13«, jedenfalls ein großer Spaß, den er gern mitmachte. Neben der Fernsehprominenz brachte ihm diese Aktion mitten in der kalten Nichtsaison einige hundert Gäste in seinen Nachtclub direkt am Meer.

Auch wenn er versprach, ein paar Stühle mehr rauszustellen, ist aus der satirischen Ballermann-Nachfolge dann doch keine Realität geworden. Das ist auch gut so. Denn die »Düne 13« hat ihren ganz eigenen Charme. Hier findet sich ein angenehmer Mix aus Insulanern und Gästen, hier findet sich jedes Alter von 18 bis 80, hier herrscht eine ausgelassene Stimmung, genießt man in friedlicher Atmosphäre ein Bier zum Sonnenuntergang am nahen Strand, bevor es dann drinnen tanzend weitergeht.

Gefeiert wird bis zum frühen Morgen. »Ich sehe jeden Tag die Sonne aufgehen«, sagt Piekarski und grinst. Ein Schauspiel, das auch auf YouTube und Facebook regelmäßig zu verfolgen ist. Der Betreiber ist definitiv der Partymacher der Insel. Legendär ist die »STRANDPARTY« mit Auftritten angesagter Bands, bekannten Discjockeys und vielen anderen Künstlern.

Kult ist auch das bunte »Düne 13 Bändchen«, das jedes Jahr in einer neuen Farbe herausgebracht wird und mit der großen Fan-Community des Clubs um die halbe Welt reist. Der Erlös wird gespendet für soziale Projekte auf der Insel.

COCKTAILS MUSIK BAR LOUNGE CLUB EVENTS

DIE DÜNE 13 LANGEOOG

Adresse Höhenpromenade 1, Tel. 0162/1355997, facebook.com/Duene13Langeoog | **Öffnungszeiten** Di–So 20–8 Uhr, Mo geschlossen | **Tipp** Direkt von der »Düne 13« führt ein Bohlenweg hinunter zum Strand. Eine bessere Einladung zu einem Nachtspaziergang unter dem Sternenhimmel am Meer gibt es kaum.

66 Der Ponyhof und Pferdestall

»To'n Peerstall«: Reiten schon für die ganz Kleinen

Es sind vor allem die Ponys, die hier ins Auge fallen. Wenn man am frühen Nachmittag den Schniederdamm entlangspaziert, stehen sie meistens im offenen Innenhof und lassen sich von den jungen Pferdepflegerinnen gerade fertig machen für den Ansturm der kleinen Reiter. Neun Shetlandponys gibt es hier insgesamt. Die »Shetties«, wie sie liebevoll von allen genannt werden, stehen für Führungen bereit, manche auch als Kutschponys und eines für den Reitunterricht der ganz jungen Schüler.

»To'n Peerstall« ist zugleich auch ein moderner Reiterhof mit elf Unterrichts- und neun Ausrittpferden. Er ist zudem ein zertifizierter Pensionsbetrieb und damit geprüft auf anerkannte Pferdehaltung. So pferdefreundlich wie möglich soll es nach dem Wunsch der Betreiber zugehen. Die Boxen sind zwölf Quadratmeter groß und hell, sieben von ihnen haben eine zusätzliche Außentür. Außerdem gibt es eine Waschbox, einen Außenwaschplatz und sogar ein höhenverstellbares Solarium. Bei den Ponys wird Wert darauf gelegt, dass jedes Tier seine eigene Ausrüstung hat: seine eigene Trense, sein eigenes Geschirr, seinen festen Sattel und auch sein eigenes Putzzeug.

Natürlich hat jedes der Shetlandponys auch seinen ganz individuellen Namen. Ob »Burschi«, »Missy« oder »Teddy« – in jedem Fall sind es sehr verträgliche Vierbeiner, auf deren Rücken die lieben Kleinen dann Platz nehmen, bevor es losgeht zu einem kleinen Ponyspaziergang im Schritttempo, geführt von den Eltern.

Die haben auch die Zügel fest in der Hand, wenn es darum geht, gemeinsam mit ihren kleinen Kindern zu Rundfahrten mit einer Ponykutsche aus dem »Peerstall« zu starten. Darin ist Platz für genau zwei Erwachsene und zwei Kinder. Nach einer kleinen Einweisung klappt es in aller Regel ganz gut mit diesem speziellen Familienausflug auf Langeoog.

Adresse Schniederdamm 8, Tel. 04972/725, info@langeooger-reiterhof.de, www.langeooger-reiterhof.de | **Öffnungszeiten** täglich 10–12 und 15–18 Uhr (Saison) | **Tipp** Südlich des Schniederdamms sind jede Menge Pferdekoppeln, auf denen die Vierbeiner friedlich weiden. Schon beim Betrachten dieser Idylle ist Entspannung garantiert.

67 Die Promenade am Meer
Spaziergang mit Ausblick: Höhepunkte von ganz oben

Einer der schönsten Orte auf Langeoog ist eigentlich kein Ort, sondern eine Strecke: Die Höhenpromenade schlängelt sich auf einer Länge von 1,5 Kilometern immer entlang der Dünenkette. Auf Klinkerpfaden passiert man einige der schönsten Orte und kann schon mal einen Blick von oben auf andere Insel-Highlights erhaschen. Die Langeooger Promenade ist die höchstgelegene der Ostfriesischen Inseln. In 10 bis 15 Meter Höhe geht es immer voran mit herrlichsten Ausblicken in gleich zwei Richtungen: einmal auf die Brandung der Nordsee bis hinaus zum fernen Horizont und zum anderen auf die bunte Häuserlandschaft des Dorfes, die sich unterhalb erstreckt.

Die meisten beginnen einen Spaziergang auf der Höhenpromenade etwa in seiner Mitte, bei den »Bunten Buden« am Kavalierpad. Von dort geht es steil die Punschdüne zur »Strandhalle« hinauf. Die befindet sich auf 23 Metern, und damit ist dann auch gleich der höchste Punkt der Strandpromenade erreicht. Nur wenige Meter weiter, und es öffnet sich der Aussichtspunkt mit vielen Holzbänken, die zum Ausschnaufen einladen. Ein wenig entfernt ist man direkt auf Augenhöhe mit den Dachaufbauten des Hotels »Sandburg« und kann vielleicht einen Blick auf dessen Dachbar werfen.

Zwischen bezaubernden Wildrosenhecken geht es hinunter zu den Freiluft-Installationen von Inselmaler Anselm Prester und seinem »Atelier am Meer«. Auf Backsteinpflaster, das warm vom Boden strahlt, passiert man bald weitere Hotspots: so die »Düne 13«, die nachts die Höhenpromenade zur Freiluft-Kneipe macht. Gleich darüber hat das bekannte Panorama-Restaurant »Seekrug« seinen Sitz. Das östliche Ende markiert der Dünenübergang »Gerk-sin-Spoor«.

Im Westen verläuft die Höhenpromenade bis zum Ende des Kirchpads bei »Ulli's Kiosk«. Das ist ein besonders idyllisches Teilstück der Strecke: In weiten Kurven geht es durch riesige Heckenlandschaften und weite Dünenketten voran.

Adresse immer die Dünen entlang vom Kirchpad im Westen bis zum Übergang »Gerksin-Spoor« im Osten | **Tipp** Wer am östlichen Ende der Höhenpromenade noch ein Stück weitergeht, kann vom Pirolatalweg auf die Aussichtsdüne »Tjard-sin-Utkiek« steigen und von dort über den Norderpad und die Heerenhusstraße wieder in den Ort zurückkehren.

68 Das provokante Altarbild
Kirchenkunst, die zum Nachdenken anregt

Von außen ist an dieser Kirche alles so, wie man es von einer Inselkirche auf einer ostfriesischen Insel erwarten darf: Ein Backsteinbau erhebt sich weit sichtbar über dem Ort, die Kirchstraße weist den Weg dorthin. Im Fall von Langeoog handelt es sich um einen Bau von 24,5 Meter Höhe im Stil der norddeutschen Backsteingotik, vom einflussreichen Kloster Loccum gestiftet und 1890 eingeweiht.

Wer im Inneren die Kirchenbänke entlangschreitet, wird sich erfreuen an dem hellen Kirchenraum, der nach einer aufwendigen Sanierung zum 100-jährigen Jubiläum wieder originalgetreu erstrahlt. Dann steht man vor dem Altarbild und stellt irritiert fest: Hier ist etwas ganz anders als gewohnt.

Der Rahmen ist noch ganz klassisch, doch darin befindet sich eines der ungewöhnlichsten Altarbilder im norddeutschen Raum. In seiner Modernität steht es im absoluten Kontrast zu seiner Umgebung. Dargestellt ist nicht eine Szene aus dem typischen kirchlichen Repertoire, sondern ein maritimes Thema: Eine gestrandete weiße Fähre vor grauem Himmel dominiert das Bild, davor eine Gruppe von Menschen, die isoliert in der Menge auf einem grünen Bootsdeck steht, davor wiederum ein Tisch, der scheinbar verlassen wurde und an dem ganz rechts noch die Hände und roten Ärmel eines ansonsten verborgenen Mannes zu erkennen sind.

Dieses Altarbild der evangelisch-lutherischen Kirche von Langeoog erregt die Gemüter. Für konservative kirchliche Kreise ist es eine einzige Provokation: düster, trostlos, leer. Für andere ist es eine der Gegenwart entsprechende Form, sich mit dem Leid der Menschen unserer Tage auseinanderzusetzen: mit Einsamkeit und der Unfähigkeit zur Kommunikation. Auf jeden Fall lädt es zum Nachdenken und Diskutieren ein, was Pastor Christian Neumann immer wieder gern tut, auch öffentlich zusammen mit dem Norder Künstler Hermann Buß, der mit diesem Werk neue Maßstäbe setzte.

Adresse Hauptstraße 13, Tel. 04972/922449, www.inselkark.de | **Öffnungszeiten** täglich 9–17 Uhr zur stillen Einkehr | **Tipp** Einen besonderen Blick verdient das Hauptportal der Inselkirche, denn seine schwere Messingklinke ist außergewöhnlich gestaltet: Sie hat die Form eines Segelschiffs.

69 Das Realschulinternat
Der Junge muss mal an die frische Luft

»Deernshörn« ist der Name eines Hauses, welches man passiert, wenn man Richtung AWO Klinik unterwegs ist. Das war einst das Hauptgebäude des Realschulinternats. »Deern« ist zwar das plattdeutsche Wort für Mädchen, jedoch waren hier auch Jungen untergebracht. Jedenfalls in den 60er Jahren und solange sie noch klein waren. Danach wurden die Geschlechter separiert.

Daran erinnert sich Hans-Dietrich Springhorn noch ganz genau. Der heutige Hamburger war von Ostern 1961 bis Herbst 1963 Internatsschüler und damit in einer Zeit, als sich viel tat auf dem Gelände und auch sonst einiges passierte. Wie etwa 1962, als die gewaltigste Sturmflut des Jahrhunderts über Langeoog hereinbrach, der Deich vor dem Internatsgebäude zu brechen drohte. Sogar das eigentliche Schulgebäude war in Gefahr. Dabei handelte es sich um einen ehemaligen Wehrmachtsbau aus dem Zweiten Weltkrieg – eine große Holzbaracke, in der die Kinder des Internats unterrichtet wurden. Rund 120 Internatsschüler, dazu noch die Kinder der Insulaner, fanden sich hier von der fünften bis zur zehnten Schulklasse ein.

Mit zwölf Jahren kam Springhorn dazu. Er sei damals ein etwas schwieriges Kind gewesen, meint er schmunzelnd. So entschieden seine Eltern, ihn auf die Nordseeinsel ins Internat zu schicken. Dazu noch die gesunde Luft. Bei anderen Kindern waren die Erwachsenen selbst – berufliche oder private Gründe der Eltern – Auslöser für einen Internatsaufenthalt. Streng war's damals, aber auch eine gute Schule für die Selbstständigkeit.

Springhorn hat noch erlebt, wie man 1963 in den Neubau der Schule umzog. Heraus aus den alten Baracken, hinein in ein nagelneues Backsteingebäude, das noch heute mit seinem auffälligen Y-Grundriss auf jeder Langeoog-Karte heraussticht. Das Realschulinternat wurde 1987 vom privaten Trägerverein geschlossen. Im ehemaligen Schulgebäude befindet sich heute die staatliche Inselschule Langeoog.

Adresse Abke-Jansen-Weg 10 | **Tipp** Das Inselinternat gibt es natürlich nicht mehr, dafür aber die AWO Klinik, die heute auf der Fläche der ehemaligen Holzbaracken des Realschulinternats steht. Ein Spaziergang dorthin ist ein schöner Ausflug entlang blühender Wildrosen.

70 Die Reithalle an den Schienen

Das große Glück: auf dem Rücken der Pferde

Wer seinen großen Traum vom Reiten am Strand wahr machen möchte, der sollte sich diesen Ort merken: die »Reithalle E. Kuper«. Das Gebäude mit dem großen Reitplatz davor ist nicht zu übersehen, wenn man vom Ort auswärts auf der Hafenstraße unterwegs ist. Westlich der Schienen gelegen, bietet es Pferdeliebhabern aller Alters- und Leistungsklassen ein breit gefächertes Angebot. Hier starten auch die beliebten Ausritte in das benachbarte Wäldchen oder Richtung Nordsee.

Eine Stunde etwa dauert ein Ausritt zur Dünenlandschaft der Flinthörn im Westen, bis zu drei Stunden kann man unterwegs sein, wenn es zur Meierei ganz in den Osten der Insel geht. Strandausritte gibt es immer bei Ebbe, wenn der Boden am Meeressaum hart genug ist für die trappelnden Hufe und einen wilden Galopp.

Seit den 80er Jahren ist die Reithalle in der Hand der Familie Kuper. Mit Tochter Joana führt die nächste Generation nun den Betrieb. In der Saison unterstützt von Helferinnen, bietet sie auch klassischen Reitunterricht an: für Anfänger an der Longe, für fortgeschrittene Reiter gibt es Einzelunterricht oder Abteilungsreiten, und für die ganz Kleinen steht Ponyführen auf dem Programm. Zudem stehen Boxen für Gastpferde und Weideflächen zum Mieten bereit.

Besonders beliebt ist ein ganz spezielles Angebot aus dem Hause E. Kuper: die Hochzeitsfahrten mit einer strahlend weißen Kutsche. Langeoog ist bekannt bei Brautpaaren, die sich eine ganz besondere Eheschließung mit maritimem Flair wünschen. Als Transportmittel der Wahl für das Hochzeitspaar bietet sich auf der autofreien Insel die Kutsche geradezu an. Von der Trauung, die meistens im historischen »Seemannshus« mit seinen Backsteinen der Liebe stattfindet, geht es an den Strand für romantische Fotos der Frischvermählten am Meer und auf Wunsch auch weiter zum Restaurant.

Adresse Süderdünenring 1, Tel. 04972/6269, www.reithalle-kuper.de | **Öffnungszeiten** täglich 8–12 und 14–18 Uhr | **Tipp** Pferdeausfahrten sind auf Langeoog sehr beliebt, nicht nur bei Brautpaaren. Viele Anbieter stehen bereit, um auch den normalen Gast über die Insel zu kutschieren. Dann nimmt man aber meistens Platz in größeren, von Pferdegespannen gezogenen Planwagen (langeooger-kutschfahrten.de oder langeoog.de).

71 Die Reparatursäule
Praktischer Zweirad-Service an der Meierei

»Deluxe Public Work Stand«, steht ganz oben auf der silbernen, rautenförmigen Platte geschrieben. Dann sind noch zwei Fahrräder abgebildet und darüber ein Logo mit einem stilisierten »bike«. Das alles gibt schon mal wichtige Hinweise, um was es sich bei dieser kantigen Säule handelt: um eine Reparaturstation für Fahrräder. Sie ist eine Entwicklung der amerikanischen Firma »Saris Infrastructure«, die ihren weiten Weg nach Langeoog gefunden hat. Direkt auf dem Vorplatz der Meierei, wo sich an der Abzweigung zum Falkenweg die Fahrradständer befinden, bietet sie einen sehr praktischen Zweirad-Service.

Seit etwa drei Jahren steht sie dort und leistet wichtige Dienste. Denn wer sich hier befindet, der hat mit seinem Fahrrad rund acht Kilometer hinter sich und zurück in den Ort wieder vor sich – meist mit Gegenwind aus Westen. Da kommt die Säule mit den hilfreichen Werkzeugen für manchen gerade recht, um seinen Drahtesel nochmals richtig einzustellen oder im Notfall zu reparieren. An der Station kann man außerdem sein E-Bike aufladen. Es gibt gleich mehrere Adapter zu diesem Zweck.

Der eine pumpt hier noch schnell seine Reifen wieder auf, der andere stellt die Höhe des Sattels neu ein oder richtet seinen Lenker. Dazu gibt es jede Menge Werkzeug: Schraubenzieher in verschiedenen Größen, Schraubenschlüssel, Sechskantschlüssel und sogar spezielle Instrumente, um den Reifen aus der Radfelge zu hebeln. Flickzeug muss man zwar selbst dabeihaben, aber sonst ist alles da, falls es unterwegs einen Platten gegeben hat.

Die Oberfläche der robusten Säule besteht aus kratzfestem Material, falls das eine oder andere Fahrrad mal vorbeischrammt. Auch sind die Werkzeuge sehr solide und mit festen Drahtseilen diebstahlsicher montiert. Wie Wilko Hinrichs vom Tourismus-Service Langeoog zu berichten weiß, ist die Station sehr pflegeleicht und verlangt nur wenig Wartung.

Adresse Ostende, auf dem Vorplatz der Meierei, an der Abzweigung des Falkenwegs | **Tipp** Nur E-Bikes, die dem herkömmlichen Fahrrad rechtlich gleichgestellt sind, dürfen auf Langeoog gefahren werden. Für alles, was schneller ist als ein Pedelec mit 25 Stundenkilometern, ist das Fahren nicht erlaubt. Das gilt auch für E-Roller, Segways, Airwheels und Hoverboards.

72 Das Rettungsboot »Langeoog«

Leben retten auf See hat hier eine lange Tradition

Von März 1945 bis Juli 1980 verrichtete das Rettungsmotorschiff »Langeoog« pflichtbewusst seinen Dienst. 35 Jahre lang war es im Einsatz, bevor es neueren und leistungsfähigeren Modellen Platz machen musste. Als Museumsschiff strahlt es jedoch bis heute in vollem Glanz aufgedockt vor dem »Haus der Insel« und lädt zu einer Besichtigung ein. Imposante 14 Meter ist es lang und damit um einiges länger als die »Secretarius«, die das aktuelle Schnellboot der Langeooger Seenotretter ist und seit 2017 im Hafen vor Anker liegt.

Doch man sollte sich von der Größe allein nicht täuschen lassen. Denn die 10,1 Meter lange »Secretarius« ist mit einer Geschwindigkeit von 18 Knoten um einiges flotter unterwegs als der Oldtimer, der nur 8,5 Knoten vorweisen konnte. Auch der Tiefgang von nur 0,96 Meter ist ideal für Einsätze im flachen Wattenmeer. Die »Langeoog« hatte noch einen Tiefgang von 1,38 Metern und damit zwischen Insel und Festland viel schlechtere Karten.

Die Geschichte der Seenotretter ist eng mit den Ostfriesischen Inseln verbunden. Im März 1861 gründete Georg Breusing, ein Oberzollinspektor aus Emden, den »Verein zur Rettung Schiffbrüchiger« und begann erstmals mit der systematischen Errichtung von Rettungsstationen in Deutschland. Die auf Langeoog, bereits 1861 in Betrieb, sollte neben Juist die erste sein. Andere Küstenbereiche Norddeutschlands folgten dem Beispiel Ostfrieslands und gründeten ebenfalls Vereine. Am 29. Mai 1865 formierte sich die »Deutsche Gesellschaft zur Rettung Schiffbrüchiger« (DGzRS) mit Sitz in Bremen.

Bis 1942 wurden die Rettungseinsätze auf Langeoog noch mit einem offenen Ruderboot gefahren. Die Besatzung trug während der Fahrt Ölzeug, Südwester, Korkschwimmwesten und Seestiefel. Da haben es die Seenotretter um Vormann Sven Klette heute doch deutlich komfortabler und wärmer in ihren roten Schutzanzügen.

Adresse Kurstraße 1, www.museums-rettungsboot-langeoog.de | **Öffnungszeiten** Bootsbesichtigung Di und Do 10–12 Uhr, Eintritt frei | **Tipp** Wer mehr über die Geschichte der DGzRS und deren lange Tradition auf der Insel erfahren will, sollte das »Schifffahrtsmuseum Langeoog« nebenan im »Haus der Insel« besuchen.

73 Die Rettungstürme

Die DLRG treibt es bunt: »Baywatch« am Strand

Langeoog hat Mut zur Farbe: Nicht nur bei den »Bunten Buden«, sondern auch am Strand gibt es jede Menge Farbtupfer. Neben den Strandkörben, die in satten Farben und Streifen weithin strahlen, sind es besonders die Aufsichtstürme der Deutschen Lebens-Rettungs-Gesellschaft (DLRG), die fröhliche Farbkleckse auf den sandweißen Grundton am Strand malen. An drei Stellen sind sie aufgebaut: Am Weststrand leuchtet es in Grün auf Weiß, am Hauptstrand in Himmelblau und am Oststrand in Rot.

Jede Saison werden sie – wie die Strandkörbe auch – vom Service-Team rund um Strandmeister Jan Heinbockel aus ihrem Winterquartier geholt und wieder aufgebaut. Dazu werden zunächst die Gestelle in den Boden eingespült, damit die Türme später auch starken Sommerstürmen und Fluten trotzen. Darauf werden dann in einem weiteren Schritt die bunten Holzhäuschen gesetzt.

Seit 2015 wird das pittoreske Stelzen-Trio um ein mobiles Bootshaus ergänzt, das am Strand beim Dünenübergang Seekrug sein Sommerdomizil gefunden hat und in dem sich das Schlauchboot der DLRG-Rettungsschwimmer befindet. So nah am Strand ist es im Notfall schnell einsatzbereit. Das Bootshaus ist im gleichen Baustil wie die Aufsichtstürme gehalten und ebenso wie diese ein ausgesprochen beliebtes Fotomotiv.

Hinter aller fröhlichen Farbigkeit vor den Wellen der Nordsee steckt jedoch eine ernste Aufgabe. Schließlich gilt es, von den drei DLRG-Hochsitzen aus einen 1,5 Kilometer langen Strandabschnitt zu überwachen, der im Sommer voll mit badenden und schwimmenden Gästen ist. Die DLRG-Truppe auf Langeoog ist ein schlagkräftiges Team. Rund 140 Mitglieder zählt Hans-Gerd Wagner, seit 2008 Vorsitzender der Ortsgruppe. Neben Schwimmkursen für Kinder und Erwachsene und dem Erwerb von Schwimmabzeichen steht der Rettungsdienst am Strand im Mittelpunkt der DLRG: Menschen aus Notlagen zu retten, das ist ihre Mission.

Adresse am Badestrand, direkt am Wasser, drei Stationen gleichmäßig verteilt von West nach Ost | **Öffnungszeiten** in der Saison sind die DLRG-Häuschen von 9–17 Uhr besetzt, bei starker Tide auch schon mal ab 8 beziehungsweise bis 18 Uhr | **Tipp** 1.500 Stunden scheint die Sonne hier durchschnittlich im Jahr. Ihre Intensität wird aber gerade an der Nordsee unterschätzt. Achten Sie also auch auf Langeoog auf die richtige Sonnencreme und -brille, nicht nur am offiziellen Tag des Sonnenschutzes, dem 21. Juni.

74 — Der Ringelpulli-Laden
Kein Nordsee-Urlaub ohne quer Geringeltes

Wer über die Hauptstraße Richtung Wasserturm schlendert, der erreicht irgendwann, nachdem er die Barkhausenstraße passiert hat, linker Hand die Aussicht auf ganz viel Geringeltes. Wohin sich der Blick auch wendet – Ringel über Ringel. Ringel in Blau hier, Streifen in Rot dort, auch schwarze und graue sind zu finden. Sie ziehen sich längs, meistens jedoch quer über einen Hintergrund in Cremeweiß oder einem klassischen Marineblau. Doch auch in Grau und Rot, Rosa und Hellblau sind sie hier zu haben, die vielen sommerlichen Shirts, die wärmeren Strickpullover, Kapuzenpullis, Schals, Stirnbänder und Mützen mit dem Klassiker der Nordsee: dem Ringelstreifen.

»Nur Ringelsocken, die haben wir nicht«, ergänzt leicht schmunzelnd die nette Dame am Verkaufstresen. Aber sonst fast alles, was man mit einem Streifenmuster verzieren kann. In diesem Geschäft mit dem unspektakulären Namen »Mode Vitrine« findet noch jeder sein Lieblingsteil für den Urlaub – und für die Zeit danach, um das maritime Lebensgefühl ein Stück weit auch nach Hause zu tragen.

Ringelstreifen haben nicht nur in der französischen Bretagne, wo Coco Chanel sie einst für die Modewelt entdeckte, sondern längst auch an Deutschlands Stränden den Sprung von der ursprünglichen Berufsbekleidung für Matrosen und Seemänner zu einem zeitlosen Klassiker für weibliche und männliche Landratten gemacht. Mit Ringeln liegt man immer richtig: ob sportlich elegant oder friesisch herb, wie etwa das ebenfalls gestreifte Fischerhemd. Auch davon haben die Langeooger Ringelexperten viel zur Auswahl. Als Herrenhemd aus Leinen und Baumwolle bietet es ganz viel Weite um die Bauchpartie. Es lässt sich aber auch prima als Fischerkleid für kleine und große Mädchen zuschneiden. Aus dem Leinen- und Baumwollstoff eines Arbeiterhemdes entsteht so ein perfekter maritimer Look mit schmalen weißen Streifen auf indigoblauem Grund.

Adresse Hauptstraße 33, Tel. 04972/426 | **Öffnungszeiten** Mo–Fr 9.30–12.30 und 15–18 Uhr, Sa 9.30–12.30 Uhr, So geschlossen | **Tipp** Die »Mode Vitrine« beherbergt auch eine große Ausstellung von Schiffsmodellen, alle selbst gebaut vom Seniorchef. Ahoi!

75 Der Rohstoff-Sammelplatz
Anlieferung per pedes und Pedal, entsorgt mit viel PS

Wohin mit leer getrunkenen Flaschen und Gläsern? Das fragen sich viele Touristen im Sommer, wenn sie ihr kühles Erfrischungsgetränk nicht bei einem Gastronomen zu sich nehmen, sondern aus der mitgebrachten oder gekauften Flasche. Die Antwort liegt meistens weit weg. Denn jeglicher Glasmüll, auch der von Tagesgästen, soll eigentlich am Rohstoff-Sammelplatz der Gemeinde landen. Doch der befindet sich an den Bauhöfen, noch hinter dem Bahnhof, an der Ecke zwischen Polderweg und Schniederdamm. Das wissen die wenigsten. Da verirrt sich auch kein Ausflügler so schnell hin: Er ist einfach viel zu weit entfernt von den Hotspots des Inseltourismus.

In den Abfallkörben, die auf der Insel verteilt sind, haben leere Glasflaschen jedenfalls nichts zu suchen. Dafür sind diese zu klein ausgelegt und quellen ohnehin schon schnell über. Die meisten Kurzzeitbesucher stellen die leeren Flaschen einfach unter oder neben die öffentlichen Abfallbehälter. Ebenfalls nicht erlaubt, aber was soll man sonst auch machen?

Für Insulaner und Langzeitgäste ist es einfacher: Erstens kennen sie den Recycling-Hof im Gewerbegebiet am Ortsrand, zweitens sind sie aus Erfahrung bestens ausgerüstet mit Fahrradanhängern. Wenn es also hinter manchen Zweirädern auf Langeoog laut rumpelt und scheppert, dann sind es in aller Regel leere Flaschen, die Richtung Bauhof transportiert werden.

Während der Recycling-Müll zu Fuß oder mit dem Rad zum Rohstoff-Sammelplatz gebracht wird, erfolgt die Abholung von der Insel mit großem Gefährt. Viele Pferdestärken sind notwendig, um die gewaltigen Altglascontainer voll mit vorsortiertem Glas in Weiß, Grün und Braun anzuheben und von der Insel zu transportieren. Der Schlepper, der mit voller Glasladung durch die geöffneten Tore des Müllsammelplatzes fährt, dürfte das mit Abstand größte motorisierte Fahrzeug sein, das mit Ausnahmegenehmigung auf der Insel unterwegs ist.

Adresse Ecke Polderweg/Schniederdamm | **Öffnungszeiten** 8–13 und 15–19 Uhr (werktags) | **Tipp** Bevor der Glasmüll unschön am Straßenrand landet, sollte er im Zweifelsfall wieder mit zurück aufs Festland genommen werden. Oder man plant am Schluss des Trips doch noch einen Spaziergang zum Schniederdamm ein und entsorgt den Glasmüll des Tages.

76 Die Rooftop-Bar
Auf der »Sandburg« ganz oben: spektakulärer Ausblick

In Frankfurt oder Berlin kennt man sie, die Dachterrassen mit der grandiosen Aussicht auf ein Häusermeer. Doch auch das kleine Langeoog hat seine Rooftop-Bar und macht es damit den Metropolen der Welt nach. Es war allerdings eine Premiere, auf die man etwas länger warten musste als ursprünglich gedacht. Das lag vor allem an den gewaltigen Windlasten, die an der Überdachung der langen Freiluftbar zerren und eine statisch besonders stabile, aber auch schnell demontierbare Lösung erforderlich machten.

Doch eines war schon von Anfang an klar: Dieser Platz hier ganz oben auf dem großen Dach des Luxushotels der Insel, der »Sandburg«, ist einfach spektakulär. Wer aus dem Aufzug im dritten Stock tritt, dem stockt der Atem: Der Blick schweift weit über die offene Terrasse, keine Fenster, keine Wände engen ein. Er geht direkt hinaus auf die Nordsee und bietet auch eine ganz neue Perspektive auf die Strandhalle, die Krone und mit 23 Metern einer der höchsten Punkte der Insel. Quasi in Augenhöhe steht man ihr hier gegenüber. Auch die Höhenpromenade liegt einem in der neuen Rooftop-Bar fast zu Füßen. »Wir haben das Kunststück geschafft, in die Dünen und gleichzeitig über die Dünen zu bauen«, freut sich Silke Schreiber, die junge Chefin des Familienbetriebs, über das absolute Alleinstellungsmerkmal ihres Hotels, zu dem auch ein Swimmingpool in luftiger Höhe gehört.

Um den sagenhaften Ausblick zu genießen, muss man kein Hotelgast sein. Die Rooftop-Bar der »Sandburg« steht jedermann offen, der sich neben dem Panorama noch ein leckeres Getränk gönnen möchte. Wie an allen Panorama-Orten der Insel ist das während eines der endlos langen Sonnenuntergänge am allerschönsten.

Wenn sich der Sundowner auf dem Dach mangels Sonnenschein nicht anbietet, dann ist die Bar im gemütlichen Foyer des Erdgeschosses mit seinem zeitlos eleganten, viel Wärme ausstrahlenden Interieur eine Alternative.

Adresse Kavalierpad 10, Tel. 04972/990880, www.die-sandburg.com | **Öffnungszeiten** bei gutem Wetter in der Saison täglich 13–22 Uhr | **Tipp** Wir wär's mit einem coolen Cocktail? Wer in Ostfriesland ist, der sollte sich auf jeden Fall einen mit Genever gönnen. Denn der Wacholderschnaps ist ein Vorläufer des wieder sehr beliebten Gins und wird nach wie vor nach traditionellem Rezept gebrannt.

77_Die Rosenhecke am Meer
Die Kartoffelrose, das blühende Insel-Wahrzeichen

Zu Hause ist sie hier eigentlich nicht, aber trotzdem ist sie überaus heimisch geworden auf Langeoog. Die Rede ist von *Rosa rugosa* – der Kartoffelrose. Wer zwischen Juni und September über die Insel streift, sieht das kräftige Fuchsia-Pink und das strahlende Weiß der Blüten förmlich überall leuchten. Bis zu acht Zentimeter beträgt deren Durchmesser. 1,50 Meter hoch wird der Rosenstrauch, der zu dichten Hecken wächst und mancherorts riesige Wälle aus Rosen entstehen lässt wie etwa besonders schön entlang der Höhenpromenade.

Ursprünglich stammt das Rosengewächs aus Ostasien. Neophyten nennt man solche Pflanzenarten wie die Kartoffelrose, die sich in der Fremde auf das Prächtigste entfalten. Ihren Namen hat die robuste Art, die Wind und Salz sehr gut verträgt, von der runzeligen Oberfläche der gefiederten Blätter. Sie ist andernorts auch als Apfelrose oder Sylter Rose bekannt, was der Schönheit ihrer Blüte eher gerecht wird als der Name einer unscheinbaren Erdknolle. Gern wird sie auch verwechselt: etwa mit der klassischen Heckenrose, der Hundsrose *Rosa canina*, oder mit der Dünenrose *Rosa spinosissima*. Letztere ist zwar auf Langeoog heimisch, allerdings viel seltener anzutreffen.

Die Kartoffelrose wurde erst in den 30er Jahren auf Langeoog angepflanzt, wohl auch zur Tarnung der Bunkeranlagen, die die Wehrmacht zu dieser Zeit auf der für sie strategisch wichtigen Insel errichtete. Denn wie alte Aufnahmen zeigen, war noch Anfang des 20. Jahrhunderts die Landschaft eine sehr karge: Es gab kaum Bäume und Sträucher auf dem sandigen Eiland.

Das Bild hat sich gegenüber früher deutlich geändert. Heute ist Langeoog eine ausgesprochen grüne Insel, mit der Kartoffelrose als ihrem heimlichen Wahrzeichen. Überall duftet es nach Rosen. Im Herbst hängen dicke rote Hagebutten von den Hecken, die mit dem Orange des reifen Sanddorns um die Wette leuchten.

Adresse die Höhenpromenade entlang der Nordsee ist in großen Teilen von duftenden Rosenhecken gesäumt | **Tipp** Die seltenere heimische Dünenrose ist als Wurzelkriech-Pionier für die Bodenbefestigung der Dünen von großer Bedeutung. Entdecken kann man sie auf dem »Naturpfad Flinthörn«, der durch die westliche Dünenlandschaft führt.

78 Die Salzwiesen im Süden

Neues Schwemmland vor dem Sommerdeich

Um das Weidevieh vor Sommersturmfluten zu schützen, wurde in den 30er Jahren in den Salzwiesen ein Sommerdeich errichtet. Auf einer Länge von sechs Kilometern zog er sich vom Deichschart bis hinüber zur Meierei. Im Rahmen einer Ausgleichsmaßnahme für den Naturschutz wurde dieser 2004 wieder geschliffen. Mehr als 219 Hektar Salzwiesen konnten so renaturiert werden. Der damals bereits vorhandene Weg zur Meierei wurde als erhöhter Fahrdamm ausgebaut. Auf ihm fährt man heute mit dem Fahrrad durchs Nationalparkgelände, wenn man den Osten der Insel erkunden will.

Seit der Renaturierung werden die Salzwiesen Richtung Süden wieder häufiger vom Hochwasser überspült. Hier ist nun wieder echtes Schwemmland, in dem sich nur hochspezialisierte Pflanzen ansiedeln, die unter diesen extremen Bedingungen – wechselnde Salzgehalte, Überflutungen und das besondere Nährstoffangebot des Wattenmeers – gedeihen. Die Salzwiese ist nicht nur Lebensraum für ganz besondere Pflanzen wie etwa die Strandgrasnelke, sondern auch für ganz besondere Tiere. So kann der Strandfliederrüsselkäfer nur auf dem Strandflieder leben.

Die Salzwiesen sind zudem Brut- und Rastplatz für viele Vögel. Enten, Gänse und Watvögel fressen hier, Millionen von Zugvögeln rasten wie die weit geflogene Pfuhlschnepfe, und andere wiederum, wie Austernfischer, Rotschenkel, Wiesenpieper, Seeschwalben und Möwen, brüten in dem salzigen Grün ihre Eier aus. Hier befindet sich ein ganz einzigartiges und kostbares Biotop des Wattenmeers.

Seit dem Abbau des alten Deichs haben die Gezeiten wieder mehr Einfluss auf das Gelände. Bei den Prielen, den Wasserläufen, die Watt und Salzwiesen durchziehen, zeigt sich viel Bewegung. Sie sind zum Teil deutlich breiter geworden oder haben ihren Lauf geändert. Was für die Natur sehr segensreich war, stellt den Küstenschutz vor neue Herausforderungen bei der Sicherung dieses fragilen Vorlandes.

Adresse Nationalpark Wattenmeer Langeoog, Sommerdeich/Fahrweg entlang der Salzwiesen | **Tipp** Spezialisiert auf vogelkundliche Führungen im Watt und Schwemmland vor Langeoog ist die Umweltwissenschaftlerin Birte Weinbecker. Die regelmäßigen Führungen für Kinder und Erwachsene beginnen am Deichschart. Ihre Termine finden sich im monatlich erscheinenden »de Utkieker« (de-utkieker.de).

79 Die Sandfangzäune
Küstenschutz auf die natürliche Art

Um wie viel der Meeresspiegel ansteigen wird, das kann zurzeit niemand ganz genau vorhersagen. Die Prognosen der Klimaforscher schwanken stark und reichen von 40 Zentimetern am unteren bis zu 1,70 Meter am oberen Ende. Sicher ist aber auf jeden Fall: Der Klimawandel wird auf den Ostfriesischen Inseln, diesen fragilen Eilanden aus Sand, eine verstärkte Küstenerosion verursachen. Sie stehen daher unter verstärkter Beobachtung des Niedersächsischen Landesbetriebs für Wasserwirtschaft, Küsten- und Naturschutz (NLWKN).

»An sandigen Küsten muss man mit der Natur arbeiten, nicht gegen sie«, betont Frank Thorenz, Leiter der zuständigen NLWKN-Betriebsstelle Norden-Norderney. Der niedersächsische Küstenschutz setzt daher bei der Sicherung der langen Sandstrände der Inseln wo immer möglich auf naturnahe, ingenieurbiologische Maßnahmen. Vor diesem Hintergrund sind auch die Sandfangzäune zu betrachten, die vermehrt am Strand am Fuß der hohen weißen Schutzdünen zu sehen sind. Sie sollen den Sand, der bei starkem Wind und Sturm stets verweht wird, an Ort und Stelle einfangen und den Dünenfuß für kommende Sturmfluten stärken.

Dazu werden hohe Reisigbüschel dicht an dicht zu einer windgeschützten Kammer in den Sand gesteckt. Viele solcher Kammern nebeneinander bilden ein natürliches Dünenschutzsystem. Im Laufe der Zeit lagert sich immer mehr Sand in ihnen ab und sichert die darüber liegende Düne. Nach dem Weststrand wurde im Mai 2019 auch der Strand nördlich des Pirolatals mit den Reisigzäunen bestückt. Sie sind Teil eines Forschungsprojekts des NLWKN, bei dem die Wirkung von Sandfanganlagen beobachtet werden soll. Dazu werden Felder mit unterschiedlichen Bauformen und Durchlässigkeiten getestet.

Auch wenn sie sehr zum windgeschützten Sonnenbaden einladen, sollte man sich lieber nicht in die Kammern legen. Denn bei jedem Besuch wird der gesammelte Schutzsand wieder herausgetreten.

Adresse am Weststrand nach der Kitestation und am Oststrand nach dem Dünenübergang Gerk-sin-Spoor | **Tipp** Um sich über die Entstehung und den Schutz von Dünen zu informieren, lohnt auf jeden Fall ein Besuch des »Naturpfad Flinthörn«, einer von acht Naturerlebnispunkten der Nationalparkverwaltung Wattenmeer und ihrer Partner auf Langeoog (siehe auch Ort 57).

80 Das Seegatt im Westen
»Accumer Ee«: starke Strömung, gefährliche Sandbänke

Ein friedliches Panorama breitet sich vor dem Betrachter aus: Über die Dünengräser am Flinthörn schweift der Blick hinüber nach Baltrum. Die Nachbarinsel scheint zum Greifen nah. Nur wenige hundert Meter liegen dazwischen. Doch die Idylle ist trügerisch. Denn bei dem schmalen Wasserstreifen handelt es sich um ein Seegatt, eine tiefe Strömungsrinne: die »Accumer Ee«. Sie ist circa 25 Meter tief und wird geformt von den gewaltigen Wassermassen, die bei jeder Ebbe und Flut zwischen den Inseln hinein und wieder hinaus ins Wattenmeer gepresst werden.

Von diesen Kräften profitiert die Küstenschifffahrt: Mit dem strömenden Wasser geht es für Krabbenkutter je nach Richtung und Tide fast wie von selbst aufs Meer oder zurück in den schützenden Sielhafen. Ein Durchqueren des Seegatts hinüber zur Nachbarinsel hingegen verlangt von den Kapitänen viel Können und PS – und ist für Schwimmer lebensgefährlich und damit dringend zu unterlassen.

Bei jedem Seegatt bilden sich nach der Engstelle sowohl land- wie auch seeseitig durch nachlassende Strömungskräfte Ablagerungen aus Sand und Schlick, die »Platen«. Vor Baltrum und Langeoog befinden sich mit der »Steinplate« und der »Neiderplate« zwei solcher Riegel im Wattenmeer. Wie irreführend das sein kann, davon zeugt ein tragisches Unglück: Es geschah genau hier, auf einer Ruderfahrt von Langeoog durch die »Accumer Ee«. Statt auf seiner Heimatinsel Baltrum wurde der junge Tjark Evers an Weihnachten 1866 im dichten Nebel auf einer Sandbank abgesetzt. Als er den entsetzlichen Irrtum bemerkte, war es zu spät und er ertrank.

Auch heutzutage sind die Sandbänke rund um die »Accumer Ee« nicht ungefährlich. So musste Ende Juli 2019 etwa ein Surfer aus dem Seegatt zwischen Baltrum und Langeoog gerettet werden. Ihm war die »Robbenplate« hinter Langeoog zum Verhängnis geworden, an deren Flachstelle sich ein unbeherrschbarer Seegang aufgebaut hatte. Ohne seinen Notruf wäre er verloren gewesen.

Adresse zwischen den Inseln Langeoog und Baltrum, Wasserenge vor dem Flinthörn im Westen | **Tipp** Das Seegatt »Accumer Ee« passiert, wer mit der »MS Flinthörn« der Reederei Damwerth einen Ausflug zu den Seehundbänken im Baltrumer Watt unternimmt. Diese Tour wird auch von der Inselschifffahrt Langeoog angeboten (ms-flinthoern.de und langeoog.de).

81 Das Seemannshus

Schmuckstück: lebendige Einblicke ins Gestern

Eine Familie namens »Seemann« wohnte seit 1844 über Generationen in diesem alten Friesenhaus am Caspar-Döring-Pad. Erbaut wurde es jedoch schon 1794/95. Rund 225 Jahre alt, strahlt es heute mit seinen weiß gestrichenen Mauern wie neu hinter dichten Wildrosenhecken hervor. Das »Seemannshus« ist nicht nur eines der ältesten Häuser auf Langeoog, sondern auch eines der ganz seltenen dieses traditionellen Haustyps. Seit 1988 ist das Schmuckstück im Besitz der Gemeinde Langeoog und dient seit 1990 als Heimatmuseum, betreut vom Heimatverein. In der guten Stube, dem repräsentativen Wohnzimmer, kann man heute stilvoll heiraten.

Dort hängen alte Bilder vom »Seemannshus« und anderen Insulanerhäusern, und man wundert sich, dass die Dachziegel oft mit Sand bedeckt waren. »Früher war nicht Wasser das Problem auf Langeoog, sondern der Sand. Peitschender Jagdsand, der durch die Straßen fegte und die Gebäude begrub«, erläutert Hendrik Tongers. Der langjährige Vorsitzende des Heimatvereins ist ein Spross der bedeutendsten Historikerfamilie der Insel, die bis in die Generation seines Urgroßvaters zurückreicht. Sein Großvater Johann wie auch sein Vater Habbo haben sich als Autoren historischer Standardwerke über Langeoog einen großen Namen gemacht.

Die Räume des »Seemannshus« sind mit viel Liebe zum Detail ausgestattet und geben einen lebendigen Einblick in den damaligen Alltag der Menschen: Von der guten Stube mit kostbarem selbst Gestickten geht es in eine typische Küche und ins Schlafzimmer mit seinen originalen Butzen, den urigen Schrankbetten der Vorfahren. Ein anderer Raum widmet sich ganz dem frühen Bädertourismus auf der Insel, als es noch äußerst frivol war, die nackte Wade zu zeigen.

Fans von Lale Andersen werden im Heimatmuseum voll auf ihre Kosten kommen. Es gibt wohl kaum eine vollständigere Sammlung über das Leben und Wirken der Sängerin als die im »Seemannshus«.

Adresse Caspar-Döring-Pad 3, Tel. 04972/861, www.heimatverein-langeoog.de/seemannshus | **Öffnungszeiten** Mi und Fr 15.30–17.30 Uhr, So 10–12 Uhr, Gruppen nach Vereinbarung | **Tipp** Hinter dem »Seemannshus« ist es ganz besonders reizend. Dort kann man wie in alten Zeiten auf einer runden Holzbank unter einem Birnbaum Platz nehmen mit Blick auf einen der Brunnen, die früher der Wasserversorgung dienten.

82 Das Seniorenstift »bliev hier«
Die maritime Lösung für alle Lebenslagen des Alters

Wer immer schon darüber nachgedacht hat, seinen Lebensabend auf einer Insel am Meer zu beschließen, der sollte sich das Langeooger Seniorenstift in der Störtebekerstraße anschauen. »bliev hier« heißt es denn auch ganz treffend. Wobei man nicht besonders betagt sein muss, um hier zu leben. Das geht auch in den jüngeren Jahren des Alters. Warum sich den Inseltraum nicht schon in den »Sweet Sixties« erfüllen und in eine der schönen acht Wohnungen zur Miete einziehen?

Neben den Wohnungen mit großer Terrasse und Einbauküche gibt es noch 14 sehr großzügig ausgestattete Apartments für Senioren und pflegebedürftige Menschen, die mehr Betreuung benötigen. Die lässt sich ganz individuell zum Mietvertrag dazubuchen wie auch Reinigung, Wäscherei und Verpflegung sowie ambulante oder stationäre Pflege, falls später mal notwendig: eine sichere Lösung für alle Lebenslagen des Alters.

Im »bliev hier« ist man jedenfalls dem Meer ganz nah. Nur fünf Minuten sind es bis zu den Dünen und den Wellen der Nordsee. Draußen auf der Terrasse kann man gemütlich im Strandkorb sitzen. Für Pflanzenliebhaber gibt es bequeme Hochbeete draußen, die gemeinschaftlich gepflegt werden. Drinnen besticht die großzügige Anlage durch einen überdachten Innenhof mit vielen Blumen, die dort ganz prächtig gedeihen.

Vorbeischauen lohnt sich auf jeden Fall. Susanne Honert, Leiterin der Einrichtung, informiert gern. Auch bei Veranstaltungen kann man sich das sehr gepflegte und moderne Anwesen ansehen, beispielsweise bei Lesungen bekannter Autoren oder Musikabenden.

Mittendrin im Inselgeschehen ist man im »bliev hier« schon allein dadurch, dass der Ortskern mit seinen Geschäften und Lokalen nicht weit weg ist. Auch das Einkaufen lässt sich in den nahe gelegenen Supermärkten bequem erledigen. Was will man mehr?

Adresse Störtebekerstraße 1, Tel. 04972/99050, www.seniorenhus-langeoog.de | **Tipp** Schräg gegenüber befindet sich die Langeooger Inselschule. Hier kommen sich also die Generationen, das junge und das hohe Alter, auch räumlich sehr nah.

83 _ Der Shantykeller
Puppa Peters und die starken Sänger: »De Flinthörners«

Mit einem traditionellen Shantychor haben sie relativ wenig gemeinsam. Wer Männer in frisch gestärkten weißen Matrosenhemden erwartet, der liegt bei den »Flinthörners« ganz falsch. Ihr Auftritt hat etwas von »Ankerherz«: raue Seemänner, hart im Nehmen und trinkfest, die manchmal die Sehnsucht treibt nach der Liebe und der fernen Heimat.

Denn das sind Shantys in ihrem ursprünglichen Sinn: Arbeiterlieder. Es sind Gesänge, die den Takt vorgaben beim Setzen der Segel, beim Ziehen und Drücken und den vielen anderen schweren Arbeiten an Bord. Keiner kennt das traditionelle Liedgut besser als Elisabeth »Puppa« Peters. Sie war über 20 Jahre im Vorstand der »International Shanty and Seasong Association«, später im Vorstand sowie Leiterin der Musikkommission der Shantychöre Deutschland.

Seit weit mehr als 30 Jahren bringt sie dieses Know-how ein als musikalische Leiterin der »Flinthörners«, dem weit über Langeoog hinaus bekannten Shantychor. Wobei Chor es nicht ganz trifft. Es ist eher eine Band oder eine Boygroup mit herausragenden Solisten. In ihrem »Shantykeller« sind die starken Sänger unter sich, doch regelmäßig stranden sie öffentlich im »Haus der Insel« auf Langeoog.

»De Flinthörners« haben weit mehr im Repertoire als nur Shantys. Da röhrt eine Stimme wie Joe Cocker selig, da gibt es melancholische Seemannsballaden. Lieder von der Irischen See, aus Amerika und Island sind dabei, auch ein französischer Walfangsong. Sieben bis acht neue Lieder werden jedes Jahr einstudiert. Im Sommer ist der Terminkalender voll mit Auftritten – auf Langeoog und ab und zu Gastspiele auf dem Festland.

Sie singen sich nicht einfach durch ihre Lieder, sondern führen ein Stück auf, mit Bühnenbild, mit Theatereinlage und einer Moderation, die nicht nur ungemein unterhaltend ist, sondern auch sehr gut über das Genre informiert. »De Flinthörners« – das ist ein richtiges Shanty-Musical.

Adresse Auftritte im »Haus der Insel«, Tel. 04972/455, www.flinthoerners.de | **Tipp** Wer es maritim, dafür aber ein bisschen rockiger mag, dem sei die »Washhouse Company« empfohlen. Sie sind quasi die wilden Jungs der Langeooger Shantymen und treten meistens im Veranstaltungshaus »Neei Bauhoff« auf (Termine auf washhouse-company.de).

84 Die Silbermöwen-Kolonie
Das erste Naturschutzgebiet Deutschlands

Die Möwe ist das Wappentier von Langeoog. Gleich drei von ihnen schweben auf dem meeresblauen Schild, das sonst noch schäumende Wogen und zwei rote Segel zieren. Heimisch ist sie auf der Insel schon seit Langem. Historische Dokumente belegen auch, dass das Sammeln von Möweneiern hier eine große Rolle spielte, als Nahrung und wichtige Einnahmequelle. Was sogar zu einem kleinen Streit mit der Pächterin der Meierei führte, die sich im Herbst 1824 ganz offiziell über die Insulaner beschwerte, die ihren Brunnen durch das Hineinwerfen von faulen Eiern verunreinigen würden.

Der Möwenbestand schwankte in den letzten beiden Jahrhunderten stark und war auch immer Ausdruck seiner Zeit. Noch Ende des 19. Jahrhunderts wurden sie gern nur zum Vergnügen gejagt, ihre langen Federn zierten Damenhüte. Bis der Bestand fast komplett dezimiert war und man 1875 für die Möwenkolonie beim »Dreebargen« das erste Naturschutzgebiet für eine Tierart in Deutschland errichtete.

Dafür gab es, wie der große Vogelschützer Dr. hc. Otto Leege später schrieb, auch praktische Gründe. Man wollte mit dem Dung der Möwen das Wachstum der Dünenpflanzen fördern. Beides gelang ausgesprochen gut. Die Langeooger Möwenkolonie war mit zeitweise bis zu 25.000 Brutpaaren die landesweit größte. Dabei handelte es sich vorwiegend um Silbermöwen, eine Großmöwe mit weißem Gefieder und silbergrauen Deckfedern.

Deren Bestand ist stark zurückgegangen. Laut Nationalpark-Ranger Jochen Runar gibt es heute circa 3.500 Silbermöwenpaare im Schutzgebiet, vor allem im Areal um die Melkhorndüne. Besonders im Winter kam es bei den Allesfressern zu einem Nahrungsengpass, als viele Mülldeponien an der Küste und auf der Insel schlossen. Sie wechselten das Revier. Dafür haben die dunkleren Heringsmöwen die verlassenen Brutplätze der Silbermöwen besetzt. Auf etwa 8.000 Paare schätzt Runar deren Zahl zurzeit.

Adresse Nationalpark Wattenmeer Langeoog, Melkhorndüne und Sommerpolder vor dem Vogelwärterhaus | **Tipp** Vor dem Beobachten in freier Natur bietet es sich an, im Vogelwärterhaus die interessante Ausstellung über den Schutz von Seevögeln und der Langeooger Möwenkolonie zu besuchen (täglich 9–19 Uhr, Eintritt frei).

85 Die Sommerweide
»Rumbi« Arends und die zotteligen Hochlandrinder

Die Jugendherberge an der Melkhorndüne ist geschlossen, dafür ist in diesem Abschnitt der Dünen- und Salzwiesenlandschaft des Nationalparks Wattenmeer eine Art Kindergarten entstanden: eine saftige Sommerweide für kleine zottelige Kälber. Hier bringt Langeoogs einziger Züchter von Hochlandrindern, Heiko »Rumbi« Arends, den tierischen Nachwuchs zusammen mit dem Rest der Rinderfamilie gern hin. Die Fahrradfahrer, die auf dem langen Küstenweg zwischen Ort und Ostende unterwegs sind, freut es: Die urigen Highland Cattles zählen zu den beliebtesten Fotomotiven der Insel.

Ihre Hörner sind weit ausladend, die Stirnmähne wild, das Fell struppig lang. Aber hinter der mächtigen Tiergestalt verbirgt sich ein zutrauliches Wesen, das zudem sehr winterhart und wetterfest ist und daher keinen Stall braucht. Hochlandrinder erlauben eine »Ammenkuhhaltung«. Das heißt, das Kalb wird ohne Hilfe auf der Weide geboren und natürlich am Euter der Mutter aufgezogen.

Bei den Highland Cattles geht es nicht um die Milch der Kuh, sondern um das Fleisch des Bullen. Nach zwei bis drei Jahren ist es auch bei Rumbis Herde so weit: Dann wird geschlachtet. Hauptabnehmer ist das Panoramarestaurant »Seekrug«, bekannt für seine regionale Küche mit Bioprodukten. Die Herde auf Langeoog arbeitet auch für den Naturschutz, betreibt eine schonende Art der Weidepflege im Weltnaturerbe – eine perfekte Symbiose für beide, den Züchter und den Nationalpark Wattenmeer.

Begonnen hat Arends 2001 mit acht Rindern, die er vom Langeooger Frerich Leiß übernahm, einem Pionier der Hochlandrinderzucht. Das war der Start für eine Herde, die 2019 insgesamt 91 Rinder zählte. »Über die Jahre hinweg waren es rund 800 Tiere«, erzählt Arends. Für Nachwuchs unter den Züchtern ist jedenfalls gesorgt. Mit dem 19-jährigen Jacob Bock, bereits im Besitz einer eigenen kleinen Herde bei Marburg, steht schon ein Helfer bereit.

Adresse Radweg Richtung Meierei/Ostende (hinter der alten Jugendherberge) | **Öffnungszeiten** im Sommer dort rund um die Uhr zu sehen | **Tipp** Die Hochlandrinder sorgen mit ihrem Grasen auch dafür, dass die immer weniger werdenden Wiesenbrüter einen Platz im Nationalpark finden. Den ein oder anderen kann man mit dem Fernglas entlang des Fahrradwegs entdecken, wie etwa die Pfuhlschnepfe.

86_Das Sportzentrum
Hier schlägt das Herz der fitten Nordseeinsel

Langeoog ist definitiv eine sportliche Insel. Legendär das jährliche Volleyballturnier, Schlagball hat hier eine lange Tradition, und auch sonst gibt es jede Menge Sportarten, mit denen man sich aufs Beste die Zeit vertreiben kann: angefangen beim Segeln über Wind- und Kitesurfen bis zum Reiten und Golfspielen. Diese eher exklusiven Sportarten sind alle in den Händen privater Anbieter und örtlicher Vereine, die auch gern Gästen ihre Dienste bereitstellen und eine Reihe von Events für Externe im Jahresprogramm haben.

Das sportliche Herz der Insel für jedermann schlägt jedoch am Sportstrand und am Kavalierpad, an dem das Sportzentrum Langeoogs zu finden ist. Hier, mit Blick auf den Wasserturm, kehrt noch der Besen der Insel-Touristiker, um das in die Jahre gekommene Gebäude zu sanieren. Es stammt aus den Zeiten selig, als Tennisspielen Trendsportart der Republik war. Die Hallenplätze innen wurden mittlerweile umfunktioniert, und außen hat man einen sogenannten »Multi-Court« eingerichtet. Auf einem Platz kann immer noch Tennis gespielt werden, doch eben auch Volleyball, Basketball, Fußball oder Fußball-Billard.

Ein Großteil des Sportprogramms der Insel findet im Sommer am Strand statt. Hier gibt es den »Sportpalast« – eine leicht ironische Bezeichnung für den nüchtern grauen Metallcontainer, der als Basis für alle Outdoor-Aktivitäten dient. Thalasso ist dabei immer inklusive direkt an der Nordsee mit ihrer aerosolhaltigen Luft. Insbesondere beim Beachwalking ist der Thalasso-Effekt groß. Es gehört zu den kostenlosen Angeboten, die man mit der obligatorischen »Langeoog-Card« wahrnehmen kann. Auch Kurse für Rücken, Gleichgewicht und Füße sind im Programm. Dazu gibt es Badminton, Beachvolleyball und Beachsoccer. Und mit Tabata-Intervalltraining, Gymnastik für den Bauch, Stretching und Fatburning kann man sich hier seine sommerliche Bikinifigur antrainieren: ein ausgesprochen großes Angebot für jedes Alter und jede Kondition.

Adresse Kavalierpad 15, Tel. 0174/1553347, www.langeoog.de | **Öffnungszeiten** So–Fr 10–12 und 14–18 Uhr | **Tipp** Wer so gar nicht sportlich ist, für den empfiehlt sich eine Tour mit dem Fahrrad. Das Fortbewegungsmittel der Wahl auf Langeoog und ein ganz natürlicher Jungbrunnen für viele Insulaner.

87 __ Die Stegwartbude

Am Yachthafen steht ein Container mit ganz viel Herz

Wer mit einem Segelboot oder einer Motoryacht die Insel ansteuert, hat eine »Bringschuld« zu begleichen. Nach dem Anlegen an einem der über 200 Plätze der Steganlage im Yachthafen heißt es für jeden Skipper, sich unverzüglich anzumelden. Der Empfang befindet sich ganz unsentimental in einem weißen Metallcontainer. Doch drinnen wird es ganz persönlich, denn hier führt eine Frau das Regiment: Ulla Sommer. Sie ist der erste weibliche Stegwart auf Langeoog und auch der einzige weibliche Stegwart auf den Ostfriesischen Inseln.

Die waschechte Ostfriesin hat Salzwasser im Blut. Nicht nur, dass sie mit ihrem Mann selbst ein Boot im Hafen liegen hat: Sie stammt aus der alteingesessenen Fischerfamilie Steffens aus Neuharlingersiel. Seit April 2019 waltet sie am Yachthafen ihres Amtes mit einer angenehmen Mischung aus Strenge und Herzlichkeit.

Von ihrem Container-Ausguck oberhalb des Hafens hat sie alles fest im Blick, sieht ganz genau, wer ein- und ausläuft, wer neu ist, wer länger bleibt, wer seine Liegegebühren schon bezahlt hat und wer eben noch nicht. Die komplette Anlage ist auf ihrem Computerbildschirm abgebildet. Zusätzlich macht sie vier- bis fünfmal am Tag einen Kontrollgang über die Stege.

Das ist der strenge Teil. Den herzlichen erkennt man gleich am Eingang: Da flattern fröhlich die Fahnen der sieben Ostfriesischen Inseln im Wind, strahlen bunte Sommerblumen auf der kleinen Terrasse um die Wette, hüpfen fröhlich die Spatzen vor der Tür.

In der kleinen Stegwartbude von Ulla Sommer ist immer Leben: Hier gibt es die Duschkarten, Münzen für Strom, auch für Waschmaschine und Trockner, die im Clubhaus »Kajüte« direkt oberhalb der Steganlage genutzt werden können. Immer mit auflaufendem Wasser kommen die Boote herein in den Hafen, jeden Tag zu einer anderen Zeit. Oft wird zusätzlich die Flagge der Niederlande am Mast gehisst als Willkommensgruß für die Nachbarn, die Langeoog ausgesprochen gern besuchen.

Adresse Hafendeich 9, Tel. 0173/8832567, liegeplatz@sv-langeoog.de | **Tipp** Man kann es sich auf der kleinen Terrasse mit Holzbank hinter dem Container der Stegwartin gemütlich machen oder ein paar Meter weiter die Hafendeichstraße entlang in eines der schönsten reetgedeckten Häuser der Insel einkehren, die Teestube am Hafen (Tel. 0157/87762073).

88 Die Strandhalle
Ein Logenplatz auf der Krone der Insel

Hoch oben auf der Strandpromenade, in stolzen 23 Meter Höhe, thront die Strandhalle. Wer hier sitzt, hat einen Logenplatz auf Langeoog, schaut über kleine Dünenwellen unter sich hinaus auf die Nordsee bis zum weiten Horizont in der Ferne. Eine exponierte Lage, und so wundert es nicht, dass dieser Ort schon immer Szene-Treffpunkt war. Das gilt selbstverständlich ebenso heute, da eine »junge Küche« mit der schönsten Aussicht wirbt. Aber auch in früheren Zeiten wusste man in der Strandhalle schon immer das Leben zu genießen, wie Stammgast August Hagedorn in den 20er Jahren bereits feststellte: »Die Geigen quietschen, es brummt das Klavier, dazwischen trinken die Herren ihr Bier, die Damen nippen am Weinpokal, teils mit, doch teils auch ohne Gemahl. Man qualmt Papyros mit vollen Zügen und nennt das Ganze – ein Strandvergnügen.«

Die Strandhalle stand nicht immer am heutigen Platz. Sie lag viele Jahrzehnte deutlich näher zum Wasser und musste mehrfach umziehen. Als ihr Vorläufer gilt die sogenannte »Abtei«, die 1885 gebaut, 1891 umgebaut und vergrößert wurde, 1905 wegen der Gefahr der Unterspülung schließen musste und 1916 endgültig einstürzte.

Zum Glück gab es aber schon seit 1906 einen Ersatz mit einem weiter hinten errichteten Neubau: die »Strandhalle«. Denn so sollte der neue Treffpunkt fortan heißen. »Sturmhaube«, auch ein Vorschlag damals, hatte sich nicht durchsetzen können.

Es folgten im Laufe der Jahre weitere Umbauten, aber auch immer wieder Sturmfluten. Als die geliebte Halle 1954 wieder einbrach, entschied man sich, sie noch weiter nach hinten auf die hohe Punschdüne zu verlegen.

Und da thront sie nun seit mehr als 60 Jahren. »Die Strandhalle ist ja gut verankert, aber sie liegt auch äußerst exponiert«, das stellte die klösterliche Bauverwaltung einst nüchtern fest. Genau diese einmalige Lage ist es, die heute bei jedem Begeisterung hervorruft.

Adresse Höhenpromenade 5, Tel. 04972/990776 | **Öffnungszeiten** Mo–So 11–23 Uhr | **Tipp** Nur wenige Meter entfernt befindet sich ein Aussichtspunkt mit vielen Bänken. Von hier kann man den spektakulären Blick auf Strand und Meer ebenfalls genießen.

89 — Die Strandmüll-Box
Das Plastik der Welt, gestrandet auf Langeoog

»Ist denn schon Ostern?« Das haben sich viele an diesem Mittwoch im frühen Januar des Jahres 2017 gefragt, als der Strand über mehrere Kilometer über und über mit Hunderttausenden von Überraschungseiern bedeckt war. In allen Farben lagen sie verstreut wie Muscheln herum – zwar ohne die bekannte Schokoladenhülle, dafür aber mit dem beliebten Innenleben: den kleinen Plastikfiguren zum Zusammenbauen. Wahrlich eine Überraschung, die vermutlich von einem Containerschiff stammte, das bei Sturm einen Teil seiner Ladung vor Langeoog verloren hatte.

Zur Freude der vielen Kinder, die noch als Weihnachtsgäste auf der Insel weilten. Nachdem der Eigenbedarf gedeckt war, wurde fleißig weitergesammelt und alles in großen Müllsäcken entsorgt. Noch heute hat Marketingchef Thomas Pree Restbestände der bunten Plastikeier, von denen er gelegentlich das ein oder andere als Souvenir zur traditionellen Gästebegrüßung mitbringt.

Meistens ist der Müll, der an den Strand geschwemmt wird, nicht ganz so schön wie in dieser Anekdote. Für viele Tiere kann er verhängnisvoll werden. Vögel, Robben, Fische – sie schlucken den Müll, verfangen sich in Plastiknetzen und gehen elendig zugrunde. Strandmüll-Boxen sind heute auf allen Ostfriesischen Inseln zu finden, ihren Ursprung haben sie aber in einer Initiative, die 2013 auf Langeoog und Juist startete. Erstmals wurden dort Metallgitter-Boxen für Müll aufgestellt, um Dosen, Flaschen, Kanister und manch sperriges Teil an zentraler Stelle zu sammeln. Die Idee war von Anfang an erfolgreich.

2019 hat der Tourismus-Service Langeoog mit dem »Strand Bingo« eine neue, spielerische Aktion rund um die Müllentsorgung ins Leben gerufen: Wer mindestens drei Teile Müll aufsammelt, kann auf einer Bingokarte mit neun unterschiedlichen Müllarten feststellen, ob er mit seinen Fundstücken eine Linie, ein Bingo, gesammelt hat. Dann winkt ein kleiner Gewinn.

Adresse die Strandmüll-Boxen stehen an allen Strandübergängen außerhalb des Badestrandes und werden regelmäßig vom Strand-Serviceteam geleert, www.langeoog.de |
Tipp Der beste Weg ist, erst gar keinen Müll zu produzieren. Anfangen kann man mit einem Mehrwegbecher, den die Gemeinde herausgebracht hat. In den Insel-Werbefarben Türkisblau und Schlickbraun hält er Heißes warm und Kühles kalt.

90 Die Süßwasserlinse
Trinkwasserreservoir mitten im salzigen Meer

Langeoog ist umgeben vom salzigen Meer. Doch sein Trinkwasser bezieht es nicht vom Festland, sondern aus der Tiefe. Denn unter der Insel hat sich ein gigantisches Süßwasservorkommen angesammelt, das ausschließlich aus Regenwasser gespeist wird. Dieses durchmischt sich aufgrund unterschiedlicher Dichten nicht mit dem Salzwasser, sondern sammelt sich darauf und bildet unterirdisch einen riesigen Linsenkörper, der sich oben über der Bodenlinie leicht wölbt. Die hiesige Süßwasserlinse ist 45 Meter tief und erstreckt sich von den Dünen im Westen bis zum Pirolatal. Süß und salzig trennt unter der Linse lediglich eine kleine Zone Brackwasser.

Das Ganze ist ein sehr sensibles, fein austariertes System. Denn es darf nicht mehr Wasser entnommen werden, als von oben durch Regenfälle nachkommt. Gefürchtet wird von den Experten das sogenannte »Upcoming«, wenn sich das trennende Brackwasser durch eine zu starke Entnahme kegelförmig nach oben schiebt. Dann wird das aus den flachen Brunnen gewonnene Wasser salzig. Das merkt man daran, dass der Chloridgehalt im Trinkwasser steigt, was regelmäßig überprüft wird. Auch die Größe und Tiefe der Süßwasserlinse wird mit modernster Elektromagnetik vom Hubschrauber aus alle paar Jahre genauestens vermessen.

Aus rund 18 Brunnen, die alle im Pirolatal verteilt sind, speist sich das gesamte Süßwasseraufkommen der Insel. Zurzeit werden 330.000 bis 350.000 Kubikmeter im Jahr gefördert. Genehmigt ist von den Behörden eine maximale Wasserentnahme von 450.000 Kubikmetern. Die Grenze ist also noch lange nicht erreicht. Das Trinkwasser auf Langeoog ist reinstes Regenwasser, 20 bis 30 Jahre alt, einst vom Himmel gekommen, durch Sanddünen gespült und gefiltert, unter der Insel gesammelt, von herausragender Qualität. Mit einem Härtegrad von 2 ist es äußerst weich, ganz ohne Nitrate. Die manchmal leicht gelbliche Farbe kommt von organischen Stoffen in der Linse und ist ein rein optischer Mangel.

Adresse an der Kaapdüne/Ecke Mittelstraße | **Tipp** Für schlechtes Wetter: Im alten Wasserwerk informiert der Oldenburgisch-Ostfriesische Wasserverband über die Wassergewinnung gestern und heute. Sehr anschaulich wird dort auch das biophysikalische Prinzip der Süßwasserlinse erklärt (Öffnungszeiten: täglich 9–16 Uhr, Eintritt frei).

91 Tatort Langeoog
Eine logistische Herausforderung für Filmproduktionen

Eine Insel ist ein Ort, der sich gar trefflich für Kriminalromane eignet. Ein in sich geschlossenes Universum mit einer überschaubaren Anzahl von Figuren und Tatverdächtigen – und einem ganzen Schwung von Originalen und Schauplätzen, die es so nur auf einem Eiland im Meer geben kann. Auch Langeoog ist ein beliebter Tatort, bei Krimiautoren und Drehbuchschreibern gleichermaßen. Für Filmproduzenten entpuppt sich das kleine Paradies im Wattenmeer jedoch nicht selten als eine logistische Hölle.

So auch für das »Cinecentrum« aus Berlin. Die 40-köpfige Crew produzierte für das ZDF im Sommer 2019 das Langeoog-Special der Krimiserie »SOKO Wismar« und stand vor ungewohnten Herausforderungen. Da die Insel autofrei ist, gab es für die 20 Sprinter, die man für den Transport von Mensch und Material im Einsatz hatte, eine Spezialregelung. Sie durften zwar mit auf die Insel, aber dort nicht fahren, sondern wurden von Elektrowagen der Gemeinde zu den wechselnden Drehorten gezogen. Mit Lastenfahrrädern war die Requisite unermüdlich strampelnd unterwegs.

»Mal eben spontan in den Baumarkt, das geht bei einem Dreh auf Langeoog nicht. Was fehlt, ist nicht so einfach zu besorgen. Die Produktion muss viel sorgfältiger im Vorfeld geplant werden als normalerweise auf dem Festland. Wir haben zur Sicherheit mindestens zehn Prozent mehr an Material und Handwerkszeug mitgenommen als sonst.«

Die größte Herausforderung für die Requisite war eine Szene am Strand. Dort musste laut Drehbuch eine sichtbare Landmarke stehen. Die Bühnenbildner bauten ein blaues Holzhaus. Doch wie transportiert man dieses über die halbe Insel? Wie kommt der Bau danach quer durch die Dünen an seinen Standort am Strand? Es musste irgendwie funktionieren und klappte auch. Am Ende stand einer der beiden Tatorte fest im Sand. Wie viel Mühe allein hinter dieser Kulisse steckt, davon merkt der Zuschauer am Ende nichts.

Adresse nur im Film: die Polizeistation, Hafendeichstraße 15 | **Tipp** In diesem weiß-blauen Bungalow ganz am Ende des Hafenrundes befand sich die ehemalige Segelschule von Arvid Männicke. Vielleicht haben die Segelfreunde ja Glück, und es findet sich ein Nachfolger. Einfach mal vorbeischauen – und dem Säuseln der Blätter im Wind lauschen.

92 Das Teehaus
Originales und Originelles in der »Teerose«

Gibt man auf Wikipedia den Begriff »Teerose« ein, dann wird man auf eine alte Rosenzüchtung verwiesen oder auf eine ganz besondere Art, frische Teezweige zu einem kompakten Bündel zu binden, die beim Ziehen dann aufgehen, ähnlich wie die Blüte einer Rose. In Ostfriesland bedeutet »Teerose« aber etwas ganz anderes: Damit ist ein spezielles Porzellandekor gemeint, das sehr häufig das Teegeschirr ziert und die Form einer stilisierten Rose hat. Die »Ostfriesische Rose« ist es denn auch, die Pate gestanden hat für ein Ladencafé, das Teekennern auf Langeoog ein perfektes Zuhause gibt.

In der »Teerose« in der Kirchstraße findet sich alles rund um das aromatische Getränk, das wie kein anderes für die Region steht und in solchen Mengen getrunken wird, dass Ostfriesen noch vor allen restlichen Teetrinkernationen in dieser Disziplin Weltmeister sind. Doch neben dem Klassiker Ostfriesentee gibt es hier auch noch jede Menge anderer Sorten zu probieren und zu kaufen: eine für Langeoog typische Spezialität ist dabei sicherlich der Sanddorn-Früchte- oder Kräuter-Tee. Die meisten Kunden dürften wohl zum kräftigen Schwarzen greifen, als »Ostfriesischer Sonntagstee« mit echten Vanillestücken verfeinert.

Wer nicht wegen des Tees kommt, der kommt ganz bestimmt wegen des Kuchens. Denn der Chef, Heiko Barenthin, ist Konditormeister. Hier backt man selbst, ohne den Einsatz industrieller Fertigmischungen und Pulver, und das schmeckt man auch. Seine Lieblingskuchen und -plätzchen kann man nachbacken: Im »Langeooger Kokenbook« sind die besten Rezepte der »Teerose« veröffentlicht.

Seit 2011 haben die Barenthins hier ihr Domizil, rund 17 Jahre waren sie davor die Betreiber der »Teestube« am Hafen. Geblieben ist die Liebe zur Tradition und zu allem Geschmackvollen. Das schließt neben Tee, Kaffee und Kuchen auch originelle Accessoires rund um das Genießen ein, für die Ehefrau Astrid zuständig ist.

Adresse Kirchstraße 1, Tel. 04972/6156, www.teerose-langeoog.de | **Öffnungszeiten** Mo–Sa 10–18 Uhr, So geschlossen | **Tipp** Tee gehört zur Lebenskultur auf den Ostfriesischen Inseln, deren weiches Wasser auch zu dem guten Geschmack beiträgt. Auf Langeoog kann man ihn eigentlich überall bestellen. Entdecken Sie einfach Ihren ganz persönlichen Lieblingsort zum Teetrinken.

93 Das Testfeld im Pirolatal
Wo die Kartoffelrose nicht willkommen ist

»Natur Natur sein lassen«, das ist das Leitbild des Nationalparks. Doch längst nicht alles, was in der freien Natur des Schutzgebietes wächst, gehört auch ganz natürlich in die Dünen- und Salzwiesenlandschaft. So bereitet unter anderem die Kartoffelrose den Naturschützern Probleme. Sie ist mittlerweile zum botanischen Wahrzeichen der Insel geworden, schmückt den Ort mit Heckenlandschaften voller pinkfarbener oder weißer Rosen im Sommer und roter Hagebutten im Herbst. Doch bei der *Rosa rugosa* handelt es sich um eine invasive Art, die ohne kulturelles Zutun, also die Anpflanzung durch Menschenhand, nie auf Langeoog gewachsen wäre. Das tut die robuste Pflanze allerdings äußerst erfolgreich. Langsam streckt sie ihre Wurzeln auch in die Dünentäler des Nationalparks aus, was dort aus Gründen des Arten- und Biotopschutzes äußerst kritisch gesehen wird.

Schadet die neue Pflanze? Ist abzusehen, dass dieser Vorgang wieder rückgängig gemacht, sie also wieder aus dem Naturraum entfernt werden kann? Noch befindet sich der invasive Prozess der schmucken Rose in der Schutzzone in einem Vorstadium. Auf zwei Probeflächen im Pirolatal testen Biologen zurzeit Verbreitung und Wachstum. Auf einem Feld wurde die Rosenhecke ganz kurz geschoren, auf dem anderen ließ man die Pflanze unberührt. Die nächsten Jahre werden zeigen, zu welchen Maßnahmen die Naturschützer im Kampf Kultur gegen Natur greifen müssen.

Was aber definitiv in dieses schöne, etwa zwei Kilometer lange Tal gehört, ist die *Pyrola rotundifolia*. So lautet der botanische Name des Rundblättrigen Wintergrüns, das dem idyllischen Flecken seinen Namen gab. Die Pflanze ist selten und findet sich meist in feuchten, kleineren Dünentälern. Als Flachwurzler braucht sie bodennahes Wasser, wie es im Pirolatal vorhanden ist. Dann blüht sie auf im späten Frühjahr, in zartem Weißrosa, und ähnelt dabei einem Maiglöckchen.

Adresse Pirolatal (das Testfeld befindet sich am Ende in der Kurve) | **Tipp** Zur natürlichen Vegetation in den Dünenlandschaften gehören der Sanddorn, der im Herbst geerntet wird und besonders häufig im Osten des Schutzgebietes zu finden ist, sowie der Tüpfelfarn und die Krähenbeeren. Gedüngt wird alles aus der Luft.

94 Tjard-sin-Utkiek
Die Geschichte von Hillie Kuper und der legendären Eisfahrt

Einen wunderbaren Fernblick auf die Nordsee und die großen Pötte, die an Langeoog vorüberziehen, hat man von einer Aussichtsdüne, die direkt am Anfang des Pirolatals liegt: »Tjard-sin-Utkiek« lautet ihr ungewöhnlicher Name. Eigentlich heißt so auch nicht die ganze Aussichtsplattform, sondern nur die Stelle mit dem Fahnenmast. Bekannter ist der gesamte Dünenhügel dafür, dass hier Hillrich Kuper einst gesessen und bei stürmischem Wetter mit Fernglas den Seeverkehr beobachtet hat.

»Hillies Appelsienenkist« war denn auch der Spitzname der Insulaner für das seltsame Gebilde, das viele Jahre weithin sichtbar auf der Düne thronte. Hier wurde nach dem Zweiten Weltkrieg auf dem Sockel einer alten Funkmessstation der Wehrmacht die Seenotbeobachtungsstation der DGzRS errichtet. Ursprünglich war es ein Holzbau, später ein Container, der oben orange angestrichen war. 2014 wurde der altersschwache Kasten abgebaut. Die DGzRS hatte damit einen Infostand und Langeoog ein Wahrzeichen weniger.

Hillrich Kuper stammte aus einer Langeooger Familie, deren Männer seit Generationen als Seenotretter Leib und Leben auf dem tobenden Wasser der Nordsee riskierten. Er war der überragende Vormann der Inselgeschichte, rettete mehr als 700 Menschen aus Seenot. Unvergesslich geblieben ist die legendäre Eisfahrt, die er 1942 anführte. Am bitterkalten Morgen des 5. März war der 48 Meter lange Dampfer »Rüstringen« bei schwerem Oststurm mit Stärke 10 vor der Insel gestrandet, später auch das zu Hilfe eilende Vorpostenboot eines Minensuchers. Während von den beiden Booten nur noch Wracks übrig blieben, konnten die Langeooger Seenotretter mit ihrem Ruderboot »Reichspost« bei Schnee- und Eistreiben und minus 15 Grad helfen. Alle zwölf Männer wurden für diesen gefährlichen Einsatz ausgezeichnet: neben Vormann Hillrich Kuper auch Tjard Georg Mannott, Namensgeber des heutigen Ausgucks.

Adresse Norderpad, am Ende der Herrenhusstraße geht es hoch auf die Düne | **Tipp** Der 1870 gebaute Schuppen für die Ruderrettungsboote war früher im Süderdorf untergebracht. Bei einem Spaziergang kann man dort noch den Straßennamen »Rettungsspoor« entdecken. Der 1908 errichtete »Neubau« der Seenotretter ist nicht mehr zu sehen. Er wurde im Oktober 2019 abgerissen.

95 — Das Tor zum Weltnaturerbe

Beim Deichschart am Ende des Seedeichs geht es los

Wenn die UNESCO den außergewöhnlichen universellen Wert einer Welterbestätte feststellen will, dann hat sie dafür zehn Kriterien. Vier davon sind für *Natur*erbestätten reserviert. Das Wattenmeer hat es 2009 in diese exklusive Liste geschafft, nachdem es schon viele Jahre zuvor als Nationalpark geschützt worden war. Langeoog befindet sich mittendrin. Der überwiegende Teil der Grundfläche steht unter besonderem Naturschutz. Im Südwesten der Insel ist es das »Flinthörn«, im Osten erstreckt sich die mehr als acht Kilometer lange Ruhezone des Nationalparks Wattenmeer. Ein Fahrradweg entlang des Watts und der Salzwiesen führt durch diese einzigartige Landschaft.

Das Tor zu diesem Weltwunder der Natur ist das Deichschart am Ende des Seedeichs. Der Durchlass liegt etwa eineinhalb Kilometer außerhalb des Dorfes. Hier ist auch der Ausgangspunkt fast sämtlicher Naturkundeführungen: Ob »Watt für Klein und Groß«, »Watt für Einsteiger«, »Wattsafari«, »Wattführung mit dem Ossi«, »Abendliche Wattwanderung« oder »Magisches Wattenmeer« – am Deichschart geht es immer los.

Auch Jochen Runar, Ranger bei der Nationalpark-Verwaltung des Niedersächsischen Wattenmeers, startet seine Fahrradführungen in den Osten der Insel immer an diesem leicht erhöhten Punkt in der Deichlinie, der bereits einen ersten Blick auf die weite Naturlandschaft ermöglicht. Bloß ein Haufen Schlick? Mitnichten.

Das fand auch die UNESCO. Wie Runar erläutert, waren es folgende Kriterien, mit denen sich das Wattenmeer als Naturerbe empfahl: erstens die dynamische Naturlandschaft, die immer wieder neue Landschaftsformen hervorbringt, zweitens die Biomasse, die ein außergewöhnliches Beispiel für einen bedeutenden ökologischen und biologischen Prozess ist, sowie drittens die Artenvielfalt, die durch den Schutz bedrohter Arten gesichert wird. Ein Kriterium hätte der UNESCO gereicht. Beim Wattenmeer waren es gleich drei.

Adresse Deichschart/Seedeich, am Ende der Willrath-Dreesen-Straße | **Tipp** Bereits im Ort, am Info-Café in der Wiesenstraße 1, startet die Inselführung mit dem Fahrrad von Peer Agena. Auch diese führt am Deichschart vorbei in den Osten mit seiner einmaligen Landschaft aus Watt, Salzwiesen und Dünen.

96 Das Traditionscafé
Eine Langeooger Familie mit großem Namen

Hier gibt es kein Design, hier gibt es noch Möbel, und die sind es auch, die dem »Café Leiß« an der Barkhausenstraße seinen unverwechselbaren Charme verleihen. Vor allem im Inneren erwartet den Gast ein klassisches Kaffeehaus-Ambiente mit schweren Kronleuchtern und gepolsterten Bänken. Seit 1958 ist es am Platze, ein richtiges Traditionscafé also. Doch hier soll nicht von Torten und Tee erzählt werden, sondern vom Namen »Leiß«, den es auf Langeoog schon seit Generationen gibt und der einen ganz besonderen Klang hat. Angehörige dieser Familie waren meist dem Wasser verbunden, als Seenotretter oder Kapitäne, die den frühen Fährbetrieb prägten.

Die ersten Berühmtheiten der Familie waren jedoch zwei Schwestern. Es war im August 1828, als Elisabeth und Trienke Leiß mutig einem im Sturm vor Langeoog aufgelaufenen niederländischen Frachtsegler zu Hilfe kamen. Den beiden, damals erst 21 Jahre alt, gelang es, eine Leine durch die Brandung zu bringen, mit der sie die Besatzung an Land retteten. Für ihren Einsatz wurden sie von einer Amsterdamer Stiftung ausgezeichnet und belohnt.

Die ersten bekannten Seenotretter der Familie waren also weiblich. Noch viele männliche Helden namens Leiß sollten folgen. Es gab so viele Vorleute aus dieser Familie, dass die DGzRS 1985 sogar einen Seenotrettungskreuzer auf den Namen »Vormann Leiss« taufte. Letzter dieser langen Reihe ist Gerriet Leiß, der von 2004 bis 2017 Vormann des Langeooger Seenotrettungsbootes war.

Ein anderer aus der großen Leiß-Familie wurde bekannt als Fährschiffer. 1894 übernahm Johann von seinem Vater das Segelboot »Curator«, das in der frühen Zeit des Badetourismus den Fährbetrieb zur Insel gewährleistete und die ersten Feriengäste sicher nach Langeoog brachte. Später sicherte Leiß im Winter eine tägliche Verbindung zum Festland. Im Sommer wurde sein Segler zum beliebten Ausflugsschiff.

Adresse Barkhausenstraße 13, Tel. 04972/6514, www.hotel-kolb.de | **Öffnungszeiten** täglich 10–18.30 Uhr, am Wochenende 9–18.30 Uhr | **Tipp** Gleich nebenan kann man sich einen der berühmten Vorfahren der Familie, Johann Leiß, leibhaftig anschauen. Eine Bronzestatue des Fährkapitäns mit der Pfeife, der 1951 starb, steht rechts vor den Schaufenstern des »Bernstein Huus«.

97 _ Die Uhr vor dem Atelier
Inselmaler Anselm: Kunst mit Gummistiefeln

Promenadenkunst, das gibt es wohl auch nur auf Langeoog. Denn dafür braucht es eine Promenade und einen Künstler. Mit Anselm Prester und der wunderbaren Höhenpromenade hat die Insel die besten Voraussetzungen für diese ganz besondere Version der »Street-Art«.

Vor dem »Atelier am Meer« öffnet sich der lange Promenadenweg zu einem kleinen Platz, den Inselmaler Anselm für seine ganz persönliche Freiluft-Ausstellung nutzt. Im Zentrum des Ensembles: eine Standuhr im Design der 70er Jahre, die durch eine Rund-um-Bebilderung von Anselm-Kunst deutlich aufgewertet wird. Die unverwechselbaren Landschaftsbilder des Malers mit Strand und weitem Himmel finden sich darunter, auch das rührende Motiv des alten Paares, das die Freikörperkultur pflegend gemeinsam dem Horizont entgegenschreitet. »Dem Ende der Zeiten Empfang zu bereiten wäre am Meer weniger schwer«, so heißt es in einem Selbstporträt des Künstlers, das nur wenige Meter weiter an zentraler Stelle vor seinem »Atelier am Meer« hängt. Der Horizont des Lebens, auch der ist es, der ihn zusehends beschäftigt.

Ein Leben, das so ereignisreich und voll ist, das hier kein Platz ist, es in aller Form zu würdigen. Also zurück zum Anfang: der Installation mit Uhr am Dünenübergang. Korrespondierende Kunst kann man hier sehen, einen einsamen Stuhl im Watt beispielsweise. Das dreidimensionale Pendant steht in Signalrot nur ein paar Meter weiter Richtung Strand: »Der letzte Stuhl vor Schottland«. Das ist ein Fakt und daher auch ein sehr treffender Titel.

Am auffälligsten an der Uhr ist wohl der kleine Angler mit gelber Regenkappe, der ganz oben Platz genommen hat. Er soll »Burlala« darstellen, eine Figur aus einem alten Volkslied, das auch Lale Andersen gesungen hat. Das Männchen mit seiner langen Angelrute ist beweglich und zeigt die Windrichtung an. Die Gummistiefel wiederum verweisen auf das blumige Kunstobjekt am Boden.

Adresse Atelier am Meer, Höhenpromenade, Tel. 04972/6371, www.inselmaler.de | **Öffnungszeiten** Freiluftausstellung durchgängig geöffnet | **Tipp** Von März bis Oktober finden im »Atelier am Meer« regelmäßig mehrtägige Malkurse für Erwachsene und Kinder statt. Unterrichtet werden die Techniken Ölmalerei und Pastell. Termine und Preise finden sich auf der Webseite.

98 Ulli's Kiosk in den Dünen
Der Außenposten: Es gibt sie noch, die guten Dinge

Den Retrolook der 70er Jahre strahlt dieses kleine Backsteinhaus direkt hinter der ersten Schutzdüne am Weststrand aus. Und genau das ist es, was »Ulli's Kiosk« so originell und charmant macht. Von diesen Orten gibt es nur noch ganz wenige auf der Urlaubsinsel. Der Kiosk mit angeschlossener und vor allem windgeschützter Außenterrasse hat einen gewissen Kultfaktor. 1974 erbaut, müsste er eigentlich unter Denkmalschutz gestellt werden – wenn es den für Kioske denn gäbe.

Die gute Seele hinter dem Schiebefenster ist Ulrike Petrovic. Sie ist waschechte Insulanerin und, wie man bereits ahnen kann, auch diejenige, der »Ulli's Kiosk« seinen Namen verdankt, der in großen Lettern auf blauem Grund schon von Weitem zu erkennen ist. Seit 2003 führt sie das Geschäft. Wer hier arbeitet, der hat unbestreitbar einen der schönsten Arbeitsplätze der Welt.

Denn das Panorama, das sich vor dem Kiosk entfaltet, ist einmalig: Ganz rechts die Skulptur der katholischen Kirche, vor einem der unverstellte Blick durch die weite Dünenlandschaft direkt auf den Wasserturm, und weiter hinten sieht man die Strandhalle auf ihrer Punschdüne sitzen. Direkt vom gastronomischen Außenposten im Westen geht es über eine Schutzdüne zum Strand, an dem man den Kitesurfern der nahen Schule bei ihrem aufregenden Sport zugucken kann.

»Ulli's Kiosk« folgt keinen Trends. Es gibt keine Cocktails und auch sonst keinen »Schickimicki«, wie die Inhaberin betont. Hier sind die Preise zivil, hier darf geraucht werden, hier trifft man sich, um zusammen zu sein. Tagesgäste findet man eher selten, dafür umso mehr Stammgäste und Einheimische. Man kann hier sogar kleine Gerichte bestellen, auch zum Mitnehmen. Ganz besonders lecker ist der Milchreis mit Zimt und Zucker. Die Kinder der nahe gelegenen Mutter-/Vater-Kurklinik freuen sich über Lakritz und Fruchtgummis, die es hier noch wie früher einzeln zu kaufen gibt.

Adresse am Ende des Kirchpads | **Öffnungszeiten** täglich 11–18 Uhr, oft auch länger (in der Hochsaison) | **Tipp** »Ulli's Kiosk« bietet sich ganz wunderbar als Start- oder Endpunkt einer Strandwanderung im Westen Richtung Flinthörn an. Hier gibt es keine Strandkörbe mehr, sondern nur noch Dünen, Sand und Meer.

99 Die Vertrauensbibliothek

Bücher aus dem »Beiboot«: eine gut sortierte Sammlung

Normalerweise muss man in Bibliotheken, in denen man Bücher ausleiht, Mitglied sein, werden Ausgabe und vor allem die Rückgabe der Bücher streng kontrolliert. Ist der Rückgabetermin überschritten, dann gibt es Mahngebühren. So ist es jedenfalls üblich in öffentlichen Bibliotheken. Eine ganz neue Art, Bücher zu verleihen, ist vor einigen Jahren aufgekommen. Vertrauensbibliotheken werden sie oft genannt. Denn sie basieren nicht auf Kontrolle, sondern auf Vertrauen in die Ehrlichkeit derjenigen, die die Bücher ausleihen. Es gibt keine zentrale Bücherausgabe, man bedient sich selbst, ohne Leihfristen und damit auch ohne Mahngebühren.

Langeoog hat gleich zwei solcher Vertrauensbibliotheken. Eine wird von einem engagierten Team der evangelischen Kirchengemeinde geführt. Zu finden ist sie im »Beiboot«, dem 1996 neu errichteten Gemeindehaus direkt neben der Inselkirche. Sie erstreckt sich auf circa 50 Quadratmetern und befindet sich im Bereich direkt hinter der Eingangstür. Der Bestand umfasst mittlerweile rund 3.000 Bücher.

Und die wollen sortiert sein. Wer ein Buch zurückbringt, stellt dieses daher nicht einfach in eines der Regale, sondern legt es auf einen Rückgabetisch, der zugleich Annahmetisch ist für Bücher, die gespendet werden. Das Einsortieren in die Regale übernimmt dann das »Fachpersonal«, bestehend aus sechs ehrenamtlichen Damen.

Denn wie in einer richtigen Bibliothek gibt es hier unterschiedliche Abteilungen für Kinder- und Jugendbücher, für verschiedene Altersklassen und Interessen. Von Krimi und Belletristik über Bildbände und Reiseführer bis zu Büchern über Ostfriesland und Langeoog, hier ist sehr viel zu finden. Dank der Vorsortierung kann man sogar ganz gezielt nach einem bestimmten Buch suchen und wird manchmal auch fündig. Es lohnt sich auf jeden Fall, zu stöbern. Eines sollte man nicht vergessen: irgendwann auch wieder alles zurückzubringen.

Adresse Hauptstraße 15, im »Beiboot« der Inselkirche | **Öffnungszeiten** täglich 9–19 Uhr | **Tipp** Die zweite Vertrauensbibliothek befindet sich im »Haus der Insel«, ist aber wegen diverser Veranstaltungen dort nicht immer zugänglich.

100 Das Verzehrkino

Echt nostalgisch: von der Filmrolle zur Festplatte

Auch wenn es kein schlechtes Wetter gibt, sondern nur falsche Kleidung, zieht es einen an manchen Tagen vielleicht eher ins trockene Innere als an den feuchten Strand. Wenn der Wind den Regen durch die Straßen Langeoogs fegt, dann bietet es sich besonders an, einem Relikt alter Kino-Herrlichkeit einen Besuch abzustatten. Denn im »Windlicht« am Rande des Hospizplatzes gibt es noch das, was andernorts schon lange verschwunden ist: ein kleines Programmkino.

Das Angebot besteht in der Saison aus acht Filmen, einer Mischung aus aktuellen Blockbustern und bekannten Klassikern. Es laufen immer zwei parallel in den beiden Kinosälen. Der eine Saal hat Plätze für 90 Personen, in den kleineren gehen 50 Zuschauer hinein. Voll besetzt sind sie jedoch nur noch selten. Dazu ist die Konkurrenz aus Fernsehen, Streaming und Internet einfach zu groß: Je mehr Filme dort, desto weniger echtes Kino.

Für Freunde analoger Film- und Abspieltechnik kann dies dennoch ein lohnender Ausflug sein. Viele Jahre war man hier Mitglied der »Vereinigten Lichtspiele«, eines Verbundes von Kinos auf den norddeutschen und auch Ostfriesischen Inseln. Mittels eines ausgeklügelten Rotationssystems wurden die Lichtspielhäuser auf Baltrum, Langeoog und Wangerooge per Flugzeug mit Filmrollen der Kassenschlager der Republik versorgt. Seit 2011 ist es für Cineasten nicht mehr ganz so romantisch. In dem Jahr hielt die digitale Technik auch ins Inselkino Einzug.

Auch wenn plüschiges Ambiente und alte Filmplakate etwas anderes vermitteln: Was heute auf der Großleinwand erscheint, stammt von der Festplatte und wird mittels Code vom Filmverleiher freigeschaltet. Im Foyer zeugen aber jede Menge alte Geräte, Filmrollen, Spulen von den Zeiten selig, als die großen Premieren noch Massen ins Kino lockten. Die meisten kombinieren einen Besuch mit einem Essen im angeschlossenen Restaurant. Es steht auch schon deutlich auf der Eintrittskarte: Wir sind im »Verzehrkino«.

Adresse Am Hospizplatz 7, Tel. 04972/92250, www.windlicht-langeoog.de | **Öffnungszeiten** Restaurant: täglich 12–14.30 und 17.30–21 Uhr, Mi Ruhetag, aktuelles Filmprogramm auf der Webseite | **Tipp** Von hier sind es nur wenige Meter bis zur Hospiz-Bake, einer alten Landmarke aus Holz, die früher an anderer Stelle Seefahrern den Weg wies.

101 Das Vogelwärterhaus
Informationszentrum für alle Naturbegeisterten

Die Hauptaufgabe der Vogelwarte von Langeoog war es einst, die Seevogelkolonie vor Eierdieben zu schützen. Im alten Vogelwärterhaus direkt an der großen Silbermöwenkolonie beim »Dreebargen« hatten sie seit 1875 ihren Sitz. Drei bis vier Vogelwarte waren mitunter mit der Bewachung der Kolonie beschäftigt. Denn Möweneier galten noch bis ins 20. Jahrhundert hinein als teure Delikatesse. Auf Langeoog wurden allein 1939 28.000 Möweneier vermarktet.

Diese Zeiten sind vorbei. Wenn überhaupt jemand den Vogeleiern gefährlich wird, dann sind das heute frei laufende Hunde und gefräßige Igel, die sich über die Nester hermachen. Mehr als 200 der stacheligen Fressfeinde wurden bereits aufs Festland umgesiedelt.

Im neuen Vogelwärterhaus befindet sich heute das Büro des Nationalpark-Rangers. Ansonsten dient das Gebäude mit großer Aussichtsterrasse nach vorne zu Salzwiesen und Watt und nach hinten zu den Dünen als »Ort der Information und Begegnung«. Im Inneren befindet sich eine Ausstellung, die die wechselvolle Geschichte des Möwen- und Seevogelschutzes im Laufe der Jahrhunderte erzählt und in die Lebensräume des Wattenmeers einführt.

Durch Fernrohre lassen sich von hier perfekt Watt- und Watvögel beobachten wie etwa Austernfischer oder der Rotschenkel, ein typischer Brutvogel der Salzwiesen. Ganz besonders voll wird es zweimal im Jahr, wenn zehn bis zwölf Millionen Zugvögel auf ihrem Weg entlang der ostatlantischen Route hier haltmachen und sich Energie für die lange Reise anfressen.

2008 brüteten zum ersten Mal Löffler auf der Insel. Der stattliche weiße Vogel aus der Familie der Ibisse, der im Winter nach Afrika zieht, fühlt sich auf der Nordseeinsel Langeoog anscheinend besonders wohl. Mittlerweile ist es eine ganze Kolonie von etwa 50 Paaren, die auf schwarzen Stelzenbeinen an den Tümpeln östlich des Schloppteichs stehen und mit ihren langen, löffelartigen Schnäbeln das Wasser durchseihen.

Adresse Nationalpark Wattenmeer, Naturerlebnispunkt Vogelwärterhaus | **Öffnungszeiten** täglich 9–19 Uhr, Eintritt frei | **Tipp** Mit etwas Glück bekommt man zwischen den Dünen auch Turmfalken zu sehen oder Rohrweihen. Elf Paare des Greifvogels brüten auf Langeoog. Kornweihen sind dagegen reine Zugvögel und nur noch sehr selten zu beobachten.

102 Der VW-Bus aus Holz
Nicht so mobil wie das Original, aber genauso beliebt

Eigentlich ist Langeoog ja ein einziger großer Spielplatz, der Strand die größte Sandkiste der Welt. Doch wenn die Kleinen mal genug vom Buddeln, Schaufeln und Sandburgenbauen haben, dann gibt es auch auf den Spielplätzen der Insel viel zu entdecken. Die Gemeinde unterhält gleich zwei davon: einen am Sportzentrum in der Nähe des Hauptbadestrands und auch nicht weit vom Spielhaus, der »Spöölstuv«, entfernt, der andere liegt weiter im Inselinneren, Richtung Flugplatz, auf der östlichen Seite des Bahndamms.

Oben Flugzeuge, daneben die Inselbahn – bei so viel Verkehr in Sichtweite des großen Geländes, da darf ein Auto doch nicht fehlen? Man glaubt es kaum, da steht es ja, mitten auf dem Spielplatz: ein VW-Bus, ein richtiger Bulli. Und das auf einer autofreien Insel! Der ist das absolute Lieblingsstück hier und wird regelmäßig geentert von den Kindern, die auf dem nahen AWO-Gelände mit den Eltern zusammen kuren.

Ganz aus Holz ist das Gefährt gezimmert und kommt dem Original recht nah. Kein Wunder, denn es ist ein echtes VW-Fabrikat. Entstanden ist das nette Kinderspielzeug während einer VW-Tagung von Außendienstmitarbeitern, die auf der Insel stattfand. Das Rahmenprogramm sah vor, aktiv zu werden, und so kamen die Vertriebsexperten auf die Idee, eine Miniaturversion des Kulttransporters ihres Hauses aus Holz nachzubauen. Der Do-it-yourself-VW war dann so gut gelungen, dass die Mitarbeiter ihn zum Abschied der Gemeinde Langeoog spendeten.

Schon beim Bau ein großer Spaß für die Erwachsenen, setzt sich heute bei den ganz Kleinen unter dem Kraftfahrzeug-Nachwuchs das Vergnügen fort. Denn der hölzerne Bulli überzeugt durch ganz viel Liebe zum Detail: Der Fahrersitz ganz vorne hat selbstverständlich ein Lenkrad. Auf drei Sitzreihen hintereinander können die kleinen Passagiere Platz nehmen. Eins allerdings ist anders als beim Original: der Ausstieg über die Rutsche hinten.

Adresse »Oskar-Kreuder-Spielplatz«, Flughafenstraße | Tipp Hinter dem Spielplatz für die ganz Kleinen mit vielen Wippen, Schaukeln und Klettergerüsten geht es zum etwas versteckt liegenden »Skatepark« für Jugendliche und dem »Jugendhaus am Meer« am südlichen Ende des Geländes.

103 Das Wäldchen und sein Ring

Im Slalom um das Rund des alten Kriegsflughafens

Die grüne Lunge Langeoogs ist das »Wäldchen«. Wobei das ursprünglich zarte Grün der frischen Anpflanzung mittlerweile zu einem undurchdringlichen Wald mit stattlichen Bäumen angewachsen ist. Das »Wäldchen« steht auf historischem Grund: Heute kaum vorstellbar angesichts der üppigen Pflanzenwelt, aber genau an dieser Stelle befand sich einmal ein Flughafengelände der deutschen Wehrmacht, die die idyllische Urlaubsinsel ab 1937 zum Militärstützpunkt ausbaute. Diese Zeit hat auf Langeoog viele Spuren hinterlassen. So auch hier.

Denn das gesamte 150 Hektar große Gebiet des heutigen »Wäldchens« gab es früher nicht. Es entstand erst durch massive Eingriffe in die Natur, durch Eindeichung und eine bis zu acht Meter hohe Aufspülung des ursprünglichen Wattengebiets. Ganz fertig wurde der Flugplatz nicht. Nach Kriegsende sprengten die alliierten Truppen das Flugfeld.

Noch heute kann man die Umrisse des ehemaligen Kriegsflughafens auf jeder Karte von Langeoog gut erkennen. Ringsherum zieht sich der alte Wassergraben, der »Ringschloot«. Das gesamte Gelände lässt sich bequem zu Fuß umrunden. Viele Teilstücke des Rundwegs führen über Reste des alten Flughafenasphalts, sind beliebt bei Radfahrern und Joggern. Eine kerzengerade Straße führt über das ehemalige Flugfeld und in Verlängerung direkt zum Hafen, der sein heutiges Aussehen ebenfalls dem Ausbau im Zweiten Weltkrieg zu verdanken hat.

Rund 35.000 Bäume pflanzten die Insulaner von eigener Hand in der Nachkriegszeit auf diese Wunde. Die Narben sind mittlerweile zugewachsen. Auch die Natur hat sich ihren Raum zurückerobert. Am augenfälligsten ist dies auf den Asphaltpisten des Ringes. Krumme Bäume zeigen Widerstand, brechen durch die alten Bitumenplatten gen Himmel, bilden einen Slalomparcours und einen der skurrilsten Freizeitparks der Ostfriesischen Inseln.

Adresse Ende der Kirchstraße, am Startpunkt der Nordic-Walking-Route | **Tipp** Für die komplette Runde wendet man sich vom Startpunkt aus nach links. Wer nur auf befestigten Wegen unterwegs sein will, geht geradeaus durch den Wald, biegt am Ende in Höhe des Wartehäuschens rechts ab und absolviert damit einen halben Rundweg.

104 Der Wasserturm
Ein Tank, der auf seinen »Zehenspitzen« steht

In nur vier Monaten, von Mitte Februar bis Mitte Juni 1909, wurde er errichtet: der Wasserturm von Langeoog mit seiner unverwechselbaren Silhouette. Das Wahrzeichen der Insel war zur Zeit seines Baus eine technische Meisterleistung – und eine große Gemeinschaftsleistung der Langeooger. Maurer, Installateure und viele Helfer benötigte der Bauunternehmer Johann Eilts damals auf der Baustelle. Noch heute spricht aus den historischen Bildern der Ausstellung im Fuß des Wasserturms der Stolz auf dieses zukunftsweisende Projekt.

Während die Bauarbeiten von Langeooger Betrieben erledigt wurden, war es die »Berlin-Anhaltische Maschinenbau Actien-Gesellschaft« (BAMAG), deren Ingenieure und Mitarbeiter die Konstruktion entwickelten, den Wasserbehälter bauten sowie Technik und Rohmaterialien lieferten.

Sein markantes Profil verdankt der Turm dem Wasserbau- und Baukonstruktionsingenieur Otto Intze. Dieser gilt als Erfinder des Stützbodenbehälters, eines ringförmigen und oben offenen Tanks, der im unteren Bereich immer schmaler zuläuft, bis nur noch ein Eisenring übrig bleibt, auf den die gesamte Last übertragen wird. Der riesige Behälter ruht quasi wie auf Zehenspitzen auf dem Turmsockel. Dies führt zu einem deutlich schlankeren Unterbau.

Das kann man auch hier gut erkennen: Auf einem relativ schmalen Turm setzt das viel größere Achteck des Oberbaus mit seinen Seitenfenstern auf. Durch diese Fenster kann nur der »Türmer« Jonny Vestering beim Kontrollgang gucken, denn dahinter liegt der Tank: gewaltige 6,40 Meter im Durchmesser, 3,80 Meter hoch. Durch dessen Ringmitte steigt man auf einer schmalen Wendeltreppe zur Aussichtsplattform. Rund 100 Kubikmeter fasst der Langeooger Wasserbehälter. Das sind mehr als 1.000 Tonnen Wasser. Entsprechend massiv ist das Fundament: 1,60 Meter tief liegt es im Sand, auch um den schweren Sturmlasten in der Höhe zu trotzen.

Adresse Am Wasserturm | **Öffnungszeiten** Mo–So 10–12 Uhr | **Tipp** Der Türmer war mal ein berühmter Stürmer, sein Name ziert ein Stadion und eine Straße auf Langeoog (siehe auch Ort 38). Am Wochenende hat er keinen Dienst im Wasserturm, daher also immer werktags vorbeischauen, wenn man ganz hoch hinauswill!

105 Das Wasserwerk West
Warum Kanalisation und Kurtaxe eng zusammengehören

1906 wurde es einfach unerträglich: Es hagelte Beschwerden über den Gestank, der vor allem in der Sommerzeit aus den privaten Sickergruben zu riechen war und Einheimische wie Gäste zunehmend belästigte. Dringend musste eine neue und geschlossene Kanalisation her. Das jedoch war teuer.

Knapp wurde aber auch die Versorgung mit sauberem Wasser in jenen Jahren, als der Badeverkehr spürbar zunahm auf der Insel. Hygienisch einwandfreies Trinkwasser aus dem Wassergewinnungsbereich war allerdings ohne eine gleichzeitige Lösung für das Abwasser nicht zu haben. Und so kam es dann schließlich doch zu dem Bau einer Kanalisation inklusive Wasserwerk ganz im Westen der Insel.

69.200 Mark sollte die Wasserleitung kosten und 30.000 Mark die Kanalisation. Diese Investitionen wurden finanziert mit einem Darlehen, das die Gemeindevertretung durch eine 1906 neu eingeführte Gebühr finanzierte: die Kurtaxe. Seither ist sie eine Institution, heute abgerechnet und überall präsent in Form der »LangeoogCard«. Jeder Gast auf der Insel hat seinen Obolus zu zahlen. Der Gästebeitrag ist nach wie vor zweckgebunden. Nur dass er heute nicht mehr in die Kanalisation fließt, sondern in deutlich schönere Sachen wie Sport- und Kulturprogramme oder die Pflege der Außenanlagen.

30 Jahre hat es damals gedauert, bis über die Kurtaxe sowie die von den Insulanern entrichteten Wasser- und Kanalisationsgebühren das Darlehen für das neue Abwassersystem komplett abgezahlt war. Das führte bis zum Polderweg und war nun geschlossen. Heute reicht der lange Weg der Kanalisation vom Bauhof über den Flugplatz bis hinunter zur Kläranlage am Hafen. Eine der neuesten Entwicklungen dort ist die solarbetriebene Klärschlammtrocknungsanlage. Eine biologisch-dynamische Lösung, bei der am Ende der Kette das getrocknete Produkt als Dünger ans Festland verkauft wird. Wie sagten die Römer schon so schön: Geld stinkt nicht.

Adresse An der Kaapdüne / Ecke Mittelstraße | **Tipp** Wie schon die Gründerväter des alten Wasserwerks wussten, sind Trink- und Abwasser nicht voneinander zu trennen. Im historischen Gebäude kann man sich über beides in der einzigen Ausstellung, die der Oldenburgisch-Ostfriesische Wasserverband auf einer ostfriesischen Insel präsentiert, schlaumachen (täglich 9–16 Uhr, Eintritt frei).

106 Die Webcam auf dem Dalben

Technik-Pioniere: das erste Langeooger Bildtelefon

»Sie sind jetzt live im Internet. Vor Ihnen oben auf dem Dalben ist eine Kamera installiert.« Dann hieß es kräftig in die Kamera winken – und schon konnten einen die Freunde und Familie zu Hause im Internet sehen. Urlaubsgrüße live und in Bewegtbild, das war noch etwas ganz Besonderes, als vor mehr als 15 Jahren diese Kamera vor dem Fischgeschäft »Klette« installiert wurde. Immerhin gab es schon Handys, denn man musste ja auf jeden Fall den Lieben daheim kurz telefonisch Bescheid geben, dass man vor der Fisch-Cam stand, damit diese sich schnell auf die Webseite mit den Livebildern vom Inselurlaub klicken konnten.

In Zeiten von Smartphones ist das natürlich technisch nicht mehr der optimale Weg, kleine Videobotschaften von sich und der Urlaubsinsel durch die Welt zu schicken. Das geht mittlerweile von jedem mobilen Gerät und jedem Ort, der Anschluss an den Funkturm eines Providers hat. Doch damals war das eine kleine technische Revolution – und »Fisch Klette« mit diesem Service ganz vorne mit dabei.

Ein bisschen mitgeholfen bei der Technik und Bereitstellung des damals supermodernen Webcam-Services hatten Sven Klettes Schwager und Klaus Kremer von den »Langeoog News«. Die Kamera stammte seinerzeit aus Australien. Ein solides Modell: Bis September 2019 lief sie bei jedem Wind und Wetter. Nun stellt eine neue Webcam mit mehr Weitwinkel die Bilder ins Netz.

Unter www.klette.info ist nach wie vor zu beobachten, was vor dem beliebten Fischgeschäft der Insel so passiert. Der Bildausschnitt ist nun noch größer als bisher: Man blickt über den Polderweg, zum Eingangsbereich des Ladens und zum Giebel mit dem schreiend bunten Wandbild eines Fischkutters mit großem Fang im Netz. Und ganz wichtig in Zeiten der Europäischen Datenschutzverordnung: Die Daten werden selbstverständlich nicht gespeichert.

Adresse im Eingangsbereich von »Fisch Klette«, An den Bauhöfen 2 | **Tipp** Das Wattenmeer gilt als die Kinderstube für Nordseefische, insbesondere für einen Plattfisch: die Scholle. Die jungen Tiere werden direkt vor Langeoog gefangen, eine ganz besondere regionale Spezialität im Frühsommer. Frischer geht es nicht.

107 Der Wellness-Tempel
Das gibt es nur im KWC: Aquacycling für die Fitness

Gymnastik im Wasser heißt hier »Aquafitness«. Und wenn sie mit viel Tempo und antreibender Musik vonstattengeht, dann spricht das Haus von »Aquapower«. Die Rede ist vom Kur- und Wellness-Center der Insel, allseits bestens bekannt unter dem Kürzel KWC. Die beiden Kurse finden im 32 Grad warmen Meerwasser statt und sind damit zugleich eine Thalasso-Anwendung. Einmalig an der gesamten ostfriesischen Küste ist jedoch ein Wassertraining, das es nur im KWC gibt: das Aquacycling.

Das Fahrradfahren unter Wasser hat Michael Thannberger, der therapeutische Leiter des KWC, nach Langeoog gebracht. Es ist ausnahmsweise keine amerikanische Erfindung, sondern wurde von einer Firma aus dem Schwarzwald und Sportwissenschaftlern der Universität Freiburg entwickelt, auch um Fußballer nach Sportverletzungen schnell wieder fit zu machen. Vom therapeutischen Nutzen dieses Trainings profitieren seit mehr als zwölf Jahren Gäste und Einheimische auf der langen Insel. 45 Minuten wird unter dem strengen Kommando und kritischen Blick des Meisters gestrampelt: Wer den runden Sticker »I survived Thanne« trägt, der weiß, warum.

Eine Körpergröße von mindestens 1,60 Metern ist bei einer Wassertiefe von 1,35 Metern erforderlich, um mitzumachen beim innovativen Training, das alle schonenden Aspekte der Aquatherapien für Körper, Muskeln und Kreislauf beinhaltet. Es ist dazu aber auch ein sehr effektives Sportprogramm. Über sein Fahrradergometer gebeugt, verbraucht man pro Trainingseinheit bis zu 400 Kalorien.

Einmal eingestellt auf die individuelle Größe und Leistungsfähigkeit, geht es auf maximal 16 Rädern dann los mit dem kräftigen Tritt in die Pedalen, immer gegen den Widerstand des Wassers, Lymphmassage inklusive. Wer zwischendurch die Zähne zusammenbeißen muss, dem zaubert vielleicht ein Blick auf den Beckenrand ein Lächeln ins Gesicht: Hunderte von kleinen Gummi-Enten leiden mit.

Adresse Kurstraße 3, Tel. 04972/693215, kwc@langeoog.de, langeoog.de | **Öffnungszeiten** Mo–Fr zweimal täglich, Do nur nachmittags, Aqua-Schuhe sind vor Ort zu erwerben | **Tipp** Das KWC hat auch weniger Anstrengendes im Angebot: Bäder, Massagen und Thalasso-Anwendungen für die Wellness, Kosmetik für das Wohlbefinden.

108 Die Wetterstation
Kachelmanns automatischer Messpunkt am Flugplatz

Sie heißt immer noch »Kachelmann-Wetterstation« und wurde einst begleitet von großem Medienwirbel eingeweiht. Es war in der Zeit, als der bekannte Wettermoderator ganz Deutschland mit seinen meteorologischen Messeinheiten übersäte und auch auf Langeoog für seine 1991 gegründete Meteomedia AG einen Messpunkt setzte. Die Schweizer Firma gehört seit 2013 zum internationalen Wetterdienstleister MeteoGroup AG, Jörg Kachelmann geht wettertechnisch mittlerweile neue Wege, aber sie ist immer noch da und liefert fleißig ihre Daten: die vollautomatische Wetterstation am Flugplatz.

Ganz in der Nähe des Hubschrauberlandeplatzes steht die graue Kiste mit ihren Metallarmen und Messgeräten. Man übersieht sie fast. So unscheinbar sie auch ist, liefert sie dennoch regelmäßig viele Informationen über das lokale Wetter. Und das ist auf einer Urlaubsinsel ja immer eine der wichtigsten Fragen, die für Gastgeber und Gäste zu klären ist. Auch wenn es angeblich ja kein schlechtes Wetter gibt, sondern nur schlechte Kleidung …

Wie gut oder schlecht das Wetter auf Langeoog tatsächlich wird, dafür liefert die »Kachelmann-Wetterstation« wichtige Daten, die auf wetterstationen.meteomedia.de jederzeit grafisch aufbereitet abrufbar sind. Das Vorhersagediagramm zeigt das tägliche Maximum und Minimum der Temperatur in Celsiusgraden. Erfasst werden sowohl die Windgeschwindigkeit und eventuelle Windböen in Kilometer pro Stunde als auch die Richtung, aus der der Wind dreht. Neben der relativen Luftfeuchtigkeit wird zudem die Regenmenge in Millimetern angegeben, die alle sechs Stunden gemessen wird.

Erfreulich sonnig ist es auf Langeoog. Mehr als 1.500 Stunden im Jahr werden gezählt. Denn auf den Ostfriesischen Inseln ist das Wetter meist besser als an der Festlandküste. So schnell, wie die Wolken kommen, sind sie meist auch wieder weg. Wann genau die Sonne scheint, das misst die Wetterstation selbstverständlich auch, immer für den aktuellen Tag mit Prognose für die drei folgenden.

Adresse Flughafenstraße, beim Hubschrauberlandeplatz | **Tipp** Wenn man schon mal am Flugplatz ist, kann man noch ein wenig Atmosphäre schnuppern, die Flugzeuge beim Starten und Landen beobachten. Am Himmelfahrtswochenende sind sogar immer Fallschirmspringer da, denen man dann live bei ihrem extremen Sport zuschauen kann.

109 Die Weide der Alpakas
Sieben Hengste grasen am Schniederdamm

»Domino« heißt das dunkle Tier, und es sieht aus wie das schwarze Schaf, Pardon, das schwarze Alpaka der Herde. Denn seine sechs Artgenossen haben alle ein weißes Fell, und so sticht es ein wenig heraus aus der Gruppe. Es steht auch gern auf dem kleinen Hügel und behält den Überblick über das Geschehen auf seiner Weide am Schniederdamm. Dort haben sie 2018 erstmals Quartier bezogen und wurden schnell zu den neuen Lieblingen Langeoogs.

Geboren sind sie nicht auf der Insel, sondern auf dem Festland in Lüdinghausen bei Münster. Sie stammen aus der rund 80 Tiere zählenden Herde der Familie Näsemann, die dort seit 2004 Alpakas züchtet. Die sieben Langeooger Alpakas sind zwischen drei und zwölf Jahre alt, wobei das älteste Tier der Herde das kleinste ist. Sie haben auch alle ihre eigenen Namen. Eines heißt »Jesus«, und fast kann man es ahnen: Das Alpaka wurde am 24. Dezember geboren. Unterscheiden kann man sie auch an den unterschiedlichen Farben ihrer Halsbänder. Die Herde ist übrigens rein männlich, weil man im Falle eines trächtigen Weibchens keine tierärztliche Versorgung auf Langeoog hätte.

Alpakas gehören wie auch Lamas zur Familie der Kamele. Sie sind zwar eigentlich in Südamerika in den Anden zu Hause, fühlen sich im rauen Klima Ostfrieslands aber auch sehr wohl. Die Langeooger Tiere sind Huacaya-Alpakas. Ihr Haar zeichnet sich durch eine feine, gleichmäßig gekräuselte Faser aus. Etwa drei bis fünf Kilo Wolle liefert die Schur eines Alpakas. 23 verschiedene natürliche Farbtöne soll es geben.

Aus der Wolle ihrer wuscheligen Tiere fertigen die Näsemanns hochwertige Steppbettdecken an. Auch wärmende Schuhsohlen stammen direkt von der Wolle ihrer Herde. Diese werden in ihrem Ladengeschäft am Schniederdamm, dem »Abolengo de Alpaca«, verkauft. Dort findet sich neben flauschigen Wollknäueln auch Strickmode vom Allerfeinsten, handgefertigt mit Wolle aus Peru.

Adresse Schniederdamm 8 (beim Ponyhof), Tel. 0171/3333004, www.abolengo-alpaca.de | **Öffnungszeiten** Mo–Sa 15–17 Uhr (und nach Vereinbarung) | **Tipp** Das ganze Gelände um den Schniederdamm ist ein einziges Tierparadies: Neben den kleinen Alpakas kann man dort jede Menge Ponys, Pferde und oft auch die fotogenen Highland-Rinder sehen.

110 __ Das Yoga- und Klangzentrum

Entspannung und Unterhaltung im »Neei Bauhoff«

Schon der Name ist für Nicht-Ostfriesen ein wenig gewöhnungsbedürftig: »Neei Bauhoff«. Was soll das denn heißen? Es bedeutet »Neuer Bauhof« und ist eine Reminiszenz an den ungewöhnlichen Ort, an dem dieses Veranstaltungshaus seit 2017 steht: an den Bauhöfen. Hier ist eigentlich Gewerbegebiet, hier hat einer der großen Bauunternehmer Langeoogs seinen Sitz, nebenan wird Fisch gebraten und Müll entsorgt. Nicht gerade ein Ort, der auf den ersten Blick einladend klingt.

Aber dennoch hat sich in dieser Ecke Langeoogs mittlerweile ein zweites Kultur- und Veranstaltungszentrum entwickelt, das großen Zuspruch erfährt und mit einem abwechslungsreichen Programm auftrumpft. Im Holzbau in Ochsenblutrot, der auch architektonisch eine ganz neue Sprache spricht, tritt regelmäßig die »Washhouse Company« auf: eine äußerst erfolgreiche Langeooger Band, die mit viel Percussion, Gitarrenbässen und perfekter Mundharmonika Rock und Seemannssehnsucht kombiniert.

Hier hat aber auch das neue Yoga- und Klangzentrum der Insel eine Heimat gefunden. Unter der Regie von Friederike Depping-Schreiber werden Anfänger und Fortgeschrittene in die Techniken des »Ayur Yoga« eingeführt. Die Yogalehrerin mit 30-jähriger Berufspraxis wurde von dem Begründer dieser Yoga-Art, die sich durch achtsame, angepasste und atembetonte Übungen auszeichnet, ausgebildet. Jede Yogastunde bei ihr wird von den Lauten der Klangschalen begleitet. Denn hier ist auch die Klang-Massage-Therapie nach Hess zu Hause, die mit Klängen und Schallwellen Entspannung, Gesundheit und Lebensfreude stärken möchte.

Die Räumlichkeiten im »Neei Bauhoff« sind dafür ideal. Doch manchmal zieht es die Yoga- und Klangtherapeutin auch an den Strand. Dort führt sie bei Sonnenuntergang Konzerte mit dem großen Gong auf. Entspannter kann ein Tag auf Langeoog nicht ausklingen.

Adresse An den Bauhöfen 1, Tel. 04972/9906677, www.neei-bauhoff.de | **Öffnungszeiten** Kursangebot und Veranstaltungen auf der Webseite | **Tipp** Für alle Hochzeitsplaner: In der friesischen Pagode kann man exzellent mit seinen Gästen feiern. Wo wäre der Start ins Eheglück harmonischer zu zelebrieren als in dieser Heimat des wohligen Klangs?

111 Zurück auf der Fähre
Die weiße Flotte Langeoogs mit festem Fahrplan

Die »LangeoogCard« ein letztes Mal gezückt, geht es zum Abschied von der langen Insel hinein in das Abfertigungsgebäude am Hafen. Direkt am Ende der Bahngleise öffnet es seine Tore und verschluckt Tausende von Touristen auf dem Weg zurück ans Festland. 214.000 Gäste zählte die Insel im Jahr 2018. Circa 140.000 von ihnen reisen am gleichen Tag an und wieder ab. Außerdem ist für viele Langeoog nicht Urlaubs-, sondern Arbeitsplatz. Auch für sie geht es abends mit der Fähre zurück, nach Hause.

1976 wurde die Fahrrinne zwischen Langeoog und Bensersiel ausgebaggert. Das veränderte die Situation schlagartig: Ein fester Fahrplan mit regelmäßigem Fährverkehr und mehreren Abfahrten am Tag wurde möglich. Allein zwischen 1975 und 1978 stieg die Beförderungszahl von 420.000 auf 565.000 Personen im Jahr.

Die Inselgemeinde, seit 1927 Eigner und Betreiber der »Schiffahrt Langeoog«, beschloss angesichts der stetig steigenden Fahrgastzahlen die Aufrüstung der weißen Flotte, die damals aus vier kleineren Schiffen bestand und eine Gesamtkapazität von 1.475 Personen täglich besaß. Das war personalintensiv. So wurden 1979 zwei Großfährschiffe angeschafft, die »Langeoog III« und die »IV«, die mit einer Tour und einer Vier-Mann-Besatzung jeweils bis zu 800 Personen befördern konnten. Heute sind für die Inselgemeinde vier Personenfähren und zwei Frachtfähren unterwegs.

Ungeklärt bleibt, wann die Sache mit der Bockwurst aufgekommen ist. Sie ist so etwas wie der Tomatensaft im Flugzeug: Ein Biss in die knackige Wurst und das weiche Toastscheibendreieck ist für viele während der 40-minütigen Überfahrt ein Muss. Vielleicht schmeckt sie ja tatsächlich anders, wenn man über das weite Wattenmeer gleitet. Während der Mensch auf lauwarme Wurstware steht, sind die mitziehenden Möwen ganz wild auf Schokoladen-Croissants. Der Geheimtipp eines Jugendlichen beim Schulausflug. Nicht füttern bitte.

Adresse Schifffahrt der Inselgemeinde Langeoog, Fahrplan auf www.langeoog.de | **Tipp** Alternativ bietet sich zu unterschiedlichen Preisen und Verfügbarkeiten auch eine Überfahrt mit der »MS Flinthörn« der Reederei Damwerth (www.ms-flinthoern.de) oder mit dem Inseltaxi von Bernd Tellmann (Tel. 0171/9035227) an (siehe Ort 37).

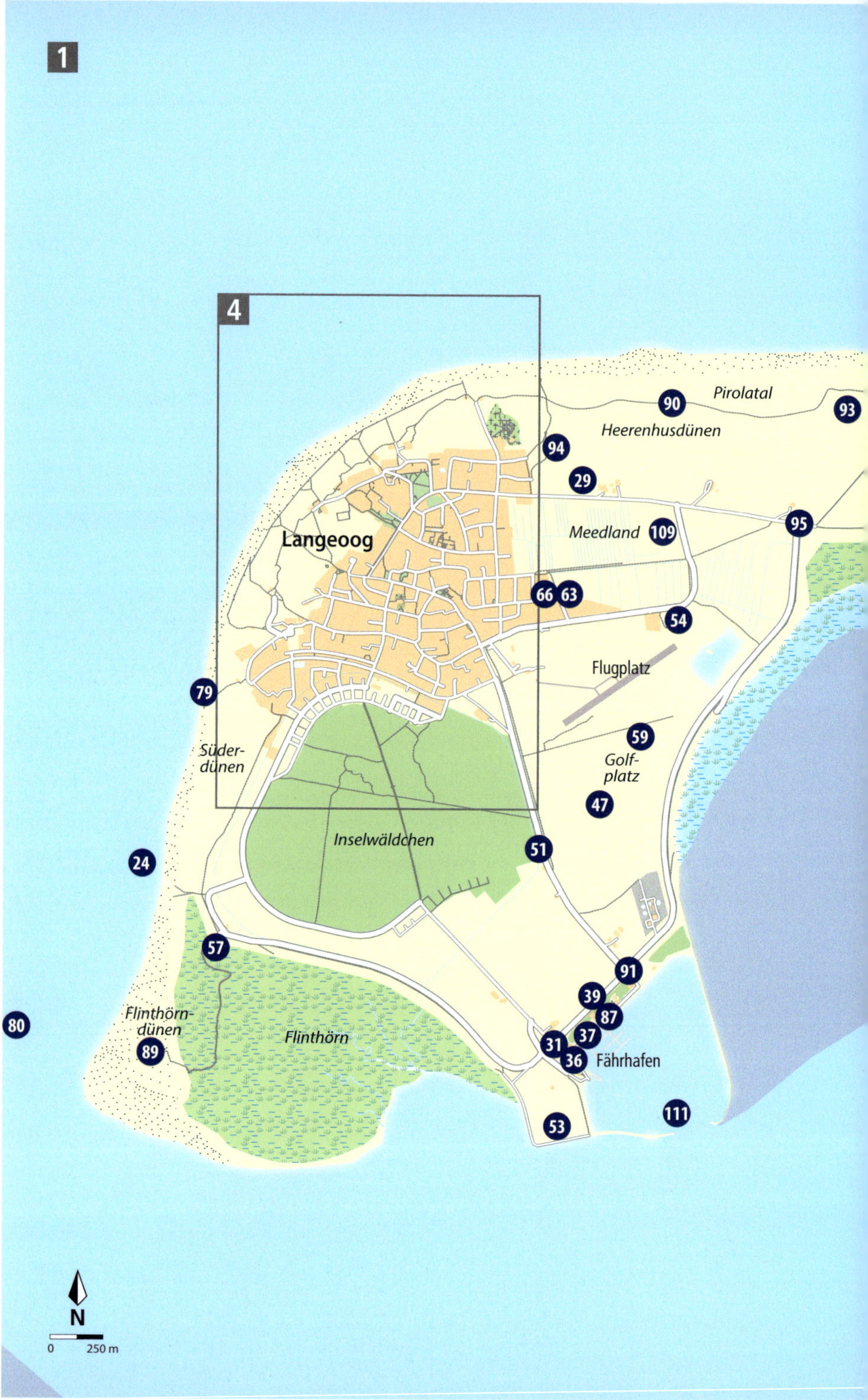
1
4
Langeoog
Pirolatal
Heerenhusdünen
Meedland
Flugplatz
Golf-
platz
Süder-
dünen
Inselwäldchen
Flinthörn-
dünen
Flinthörn
Fährhafen
90
93
94
29
109
95
66
63
54
79
59
47
51
24
57
91
39
87
80
89
37
31
36
53
111
N
0
250 m

Langeoog
Dreebargen
62
Große Schlopp
25
Schloppsee
30
84
Melkhörn-
düne
Kleine
Schlopp
101
85
78
Langeooger Inselwatt

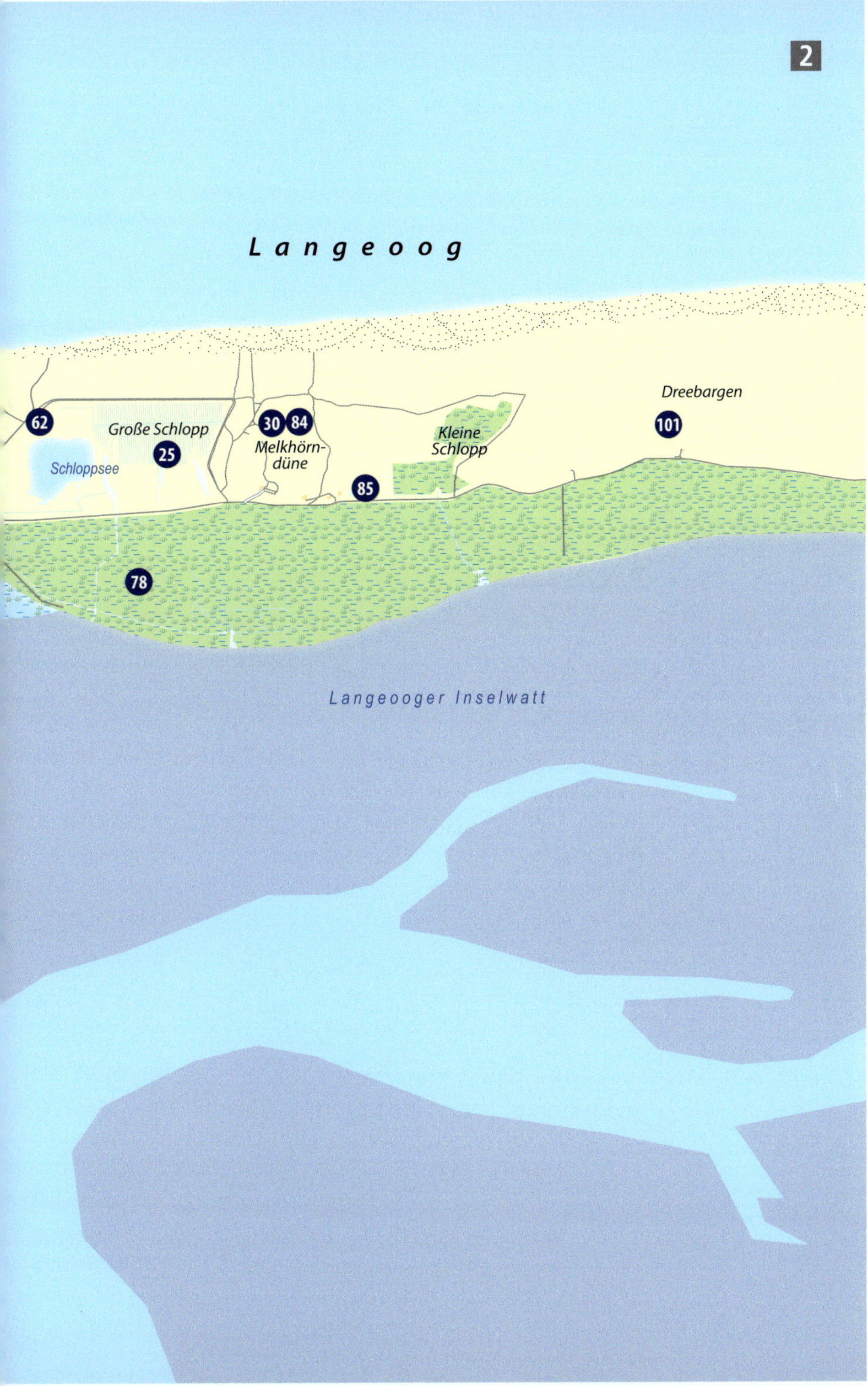

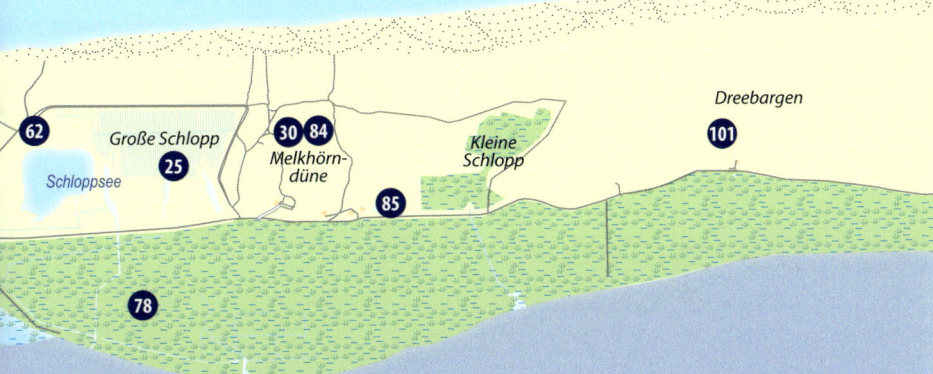

3

Süderriff

Dreebargen

18

Ostende

Osterhook

Meierei
Ostende

71
50

2

64

44

Langeooger Inselwatt

N

0 250 m

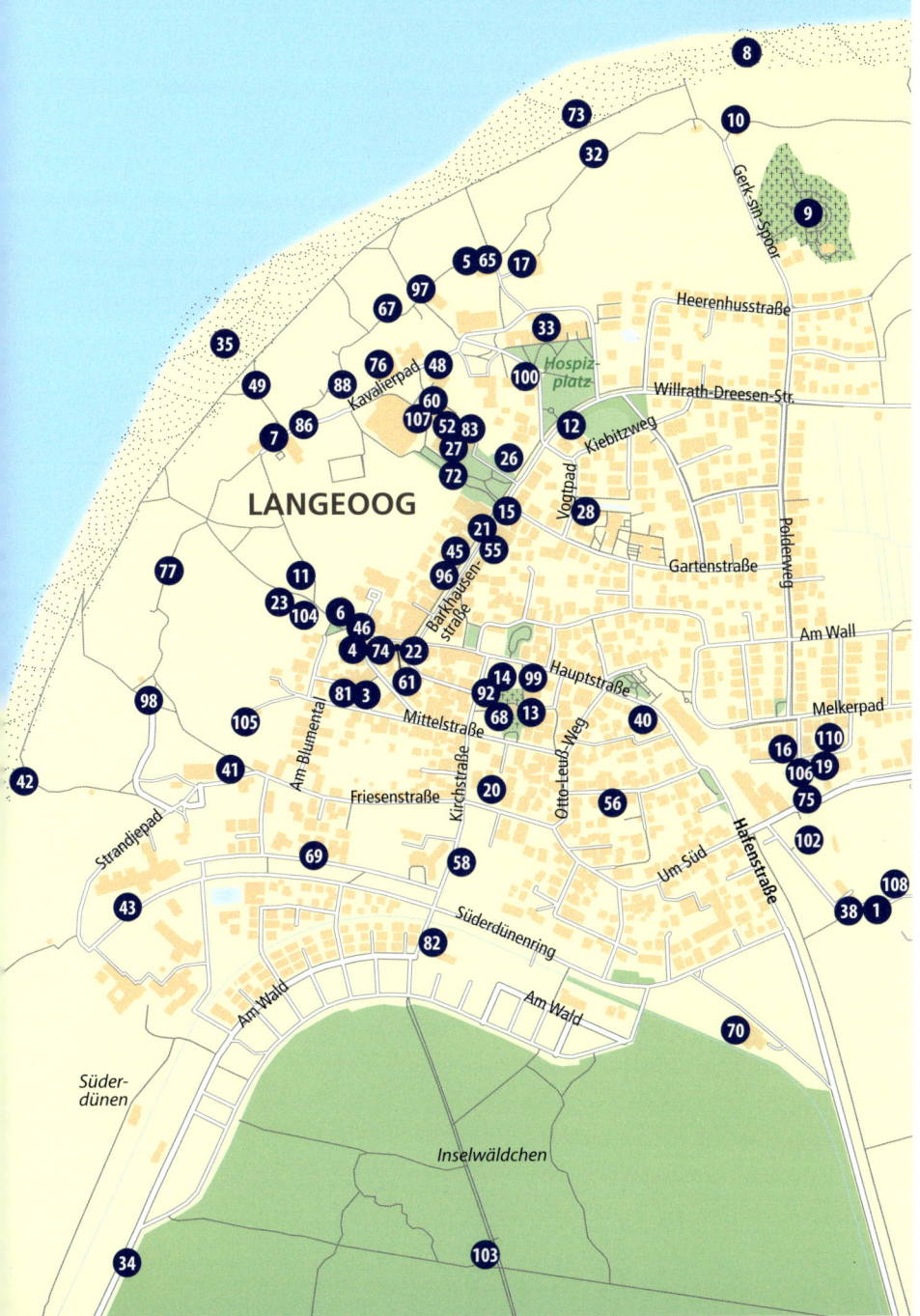

Bernd Flessner
111 Orte auf Juist, die man gesehen haben muss
ISBN 978-3-7408-0548-7

Ingo Stock
111 Orte auf Spiekeroog, die man gesehen haben muss
ISBN 978-3-7408-0339-1

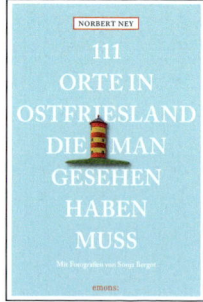

Norbert Ney, Sonja Bergot
111 Orte in Ostfriesland, die man gesehen haben muss
ISBN 978-3-95451-828-9

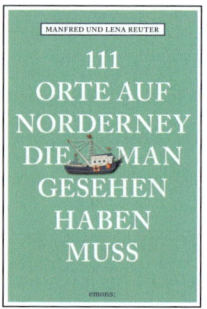

Manfred Reuter, Lena Reuter
111 Orte auf Norderney, die man gesehen haben muss
ISBN 978-3-7408-0130-4

Manfred Reuter, Lena Reuter, Nils Reuter
111 Orte in Aurich, die man gesehen haben muss
ISBN 978-3-7408-0842-6

Dorothee Fleischmann, Carolina Kalvelage
111 Orte im Weserbergland, die man gesehen haben muss
ISBN 978-3-7408-0341-4

Christine Izeki, Gerald Roemer
111 Orte im Wendland, die man gesehen haben muss
ISBN 978-3-7408-0352-0

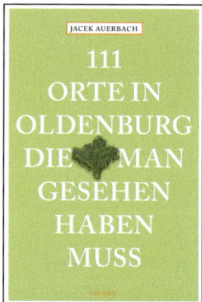

Jacek Auerbach
111 Orte in Oldenburg, die man gesehen haben muss
ISBN 978-3-7408-0249-3

Alexandra Schlennstedt, Jobst Schlennstedt
111 Orte in der Lüneburger Heide, die man gesehen haben muss
ISBN 978-3-95451-844-9

Bernd F. Gruschwitz
111 Orte in Bremen, die man gesehen haben muss
ISBN 978-3-95451-210-2

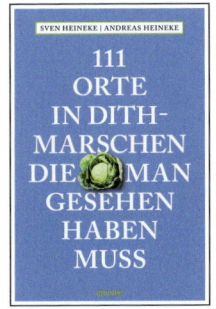

Sven Heineke, Andreas Heineke
111 Orte in Dithmarschen, die man gesehen haben muss
ISBN 978-3-7408-0854-9

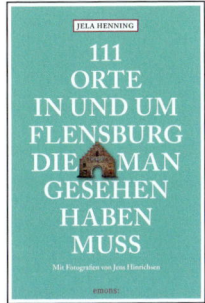

Jela Henning, Jens Hinrichsen
111 Orte in und um Flensburg, die man gesehen haben muss
ISBN 978-3-7408-0241-7

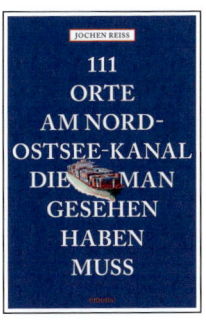

Jochen Reiss
111 Orte am Nord-Ostsee-Kanal, die man gesehen haben muss
ISBN 978-3-7408-0133-5

Sina Beerwald
111 Orte auf Sylt, die Geschichte erzählen
ISBN 978-3-7408-0726-9

Jochen Reiss
111 Orte in Kiel, die man gesehen haben muss
ISBN 978-3-95451-705-3

Lust auf mehr? Laden Sie sich die »LChoice«-App runter, scannen Sie den QR-Code und bestellen Sie weitere Bücher direkt in Ihrer Buchhandlung.

Zum Schluss ein »Danke«

Man kann der lieben Mutter Natur nur danken für dieses einmalig schöne herbeigewehte Paradies aus Dünen und Sand, für die weite Nordsee und das amphibische Wattenmeer ringsherum, für den grandiosen Himmel und immer wieder neue faszinierende Wolkenformationen. Die Natur hat es sehr gut gemeint mit dieser ostfriesischen Insel, diesem kleinen, langen Sandfleck im salzigen Meer.

Es ist aber wie immer der Mensch, der über die Zukunft der 111 Orte entscheiden wird, die in diesem Buch hoffentlich unterhaltend vorgestellt wurden. Diese Zeilen entstanden in einer Zeit des Umbruchs auf Langeoog. Die Insel steht vor großen Herausforderungen. Manche sind ganz neu, kommen von außen: Denn Klimawandel und Globalisierung hinterlassen auch auf Langeoog ihre Spuren.

Wenn extreme Wetterlagen und Sturmfluten zunehmen, vor der Insel ein Highway der internationalen Frachtschifffahrt entsteht und kapitalkräftige Anleger in Zeiten niedrigster Zinspolitik Langeoog für Immobilieninvestitionen entdecken, dann spüren das die Menschen.

Und sie wehren sich, kämpfen gegen diese Entwicklungen und für Mitsprache bei diesen Dingen, die sie tagtäglich sehen und erleben. Sie sammeln immer wieder den Plastikmüll der Welt, der hier strandet. Sie kämpfen um den so flüchtigen Sand und die Dünen, die sie vor der steigenden und stürmischen Nordsee schützen und ihre Existenzgrundlage sind. Sie klagen vor Gerichten. Die »kleine gallische Insel« möchte man Langeoog fast nennen. Nach außen fest vereint im Kampf gegen unvorhersehbare Gewalten.

Im Inneren geht's dagegen nicht immer ganz so friedlich zu, gibt es das ein oder andere Scharmützel im Rathaus und den Gremien. Der Vergleich mit dem kleinen Dorf des Asterix passt gut, schließlich nannten sich die Regierungschefs in Ostfriesland einst Häuptlinge. Der Langeooger Häuptling ist weiblich und heißt Heike Horn. Sie kommt vom Festland und wurde überraschend am 16. Juni 2019 zur neuen Bürgermeisterin der Insel gewählt.

Vor ihr stehen große Aufgaben, begleitet von großen Erwartungen. Dreh- und Angelpunkt ist von jeher der Inseltourismus, der mit

Abstand wichtigste Wirtschaftszweig. Entscheidende Weichen werden gestellt werden müssen für die Zukunft. Wie viele Touristen kann die Insel noch verkraften? Welche Art von Tourismus soll das sein? Wo entsteht bezahlbarer Wohnraum für Menschen, die auf Langeoog ihr Zuhause haben? Wie verhindert man den Ausverkauf der Insel?

Ein »Langeoog Disneyland«, in dem alle ehemaligen Insulaner nach dem Verkauf ihrer Immobilien und Grundstücke auf dem Festland leben und nur noch zum Arbeiten auf ihre Heimatinsel kommen, das kann keiner wirklich wollen. Denn es sind die Menschen, die die Orte erst lebendig machen. Echte und keine Inseldarsteller.

Ohne die Hilfe der Menschen, die auf Langeoog leben, es kennen und lieben, wäre dieses Buch nicht möglich gewesen. Stellvertretend für viele andere möchte ich drei Namen herausgreifen und ihnen ganz besonders für ihre großartige Unterstützung danken und für die nicht selbstverständliche Bereitschaft, ihr Wissen zu teilen:

Hendrik Tongers – der langjährige Leiter des Heimatmuseums ist der Experte für fast alle historischen Themen und Fakten des Buches. Ohne seine Informationen, die Werke seiner Historikervorfahren und seine zahllosen Quellenhinweise würde dem Buch Entscheidendes fehlen.

Manfred Lau – der Betriebsinspektor a. D. kennt wie kein anderer das Fundament, auf dem die Insel steht und lebt. Vom Trinkwasser bis zum Küstenschutz, von der Kanalisation bis zu Versorgungsrohren – er hat geholfen, den Organismus Langeoog zu verstehen.

Jochen Runar – der Ranger vom Nationalpark Wattenmeer nennt das UNESCO-Weltnaturerbe sein Revier. Es konnte keinen Besseren geben, um diese Naturlandschaft zu erleben und Demut zu lernen. Ein spezieller Dank geht zudem an André Sieland, Fachgebietsleiter im Landesamt für Geoinformation und Landesvermessung Niedersachsen, der das Geheimnis um den Granitstein am Wasserturm zu lüften half: ein Ort von großer historischer wie gegenwärtiger Bedeutung.

Petra Wochnik ist der Kopf hinter dem Online-Magazin »Ostfriesland Reloaded« und Autorin vieler Artikel zur Region, für Spiegel Online und andere Magazine. Nach Jahren der Öffentlichkeitsarbeit für große Industrieunternehmen stehen heute Natur-Erleben und Nachhaltigkeit im Fokus. Auch Historisch-Kulturellem gilt ihre Leidenschaft, und ganz besonders liegt ihr Ostfriesland am Herzen. Die Publizistin und Halbostfriesin liebt den wilden Westen im Norden: die Weite der Landschaft, den unendlichen Himmel und die Schönheit der Ostfriesischen Inseln. Für dieses Buch ist sie auf Langeoog gestrandet.

Andreas Klesse ist seit seinem 14. Lebensjahr fotografiebegeistert und kann sich inzwischen als anerkannten Fotografen bezeichnen. Seinen Lebensunterhalt bestreitet er über die Fotografie jedoch nicht. So ist und bleibt sie Herzensangelegenheit. Bereits zweimal wurde er von renommierten Fotozeitschriften zum Fotografen des Monats gekürt. Andreas Klesse lebt und arbeitet im friesischen Jever.